# París, Bombardeado, Y Madrid, Sentimental, Mayo Y Junio 1918...

## Azorín

A

# OBRAS COMPLETAS

DE

# AZORÍN

I.—El alma castellana.
II.—La voluntad.
III.—Antonio Azorín.
IV.—Las confesiones de un pequeño filósofo. (Aumentada.)
V.—España.
VI.—Los pueblos.
VII.—Fantasías y devaneos.
VIII.—El político.
IX.—La ruta de Don Quijote.
X.—Lecturas españolas.
XI.—Los valores literarios.
XII.—Clásicos y modernos.
XIII.—Castilla.
XIV.—Un discurso de La Cierva.
XV.—Al margen de los clásicos.
XVI.—El licenciado Vidriera.
XVII.—Un pueblecito.
XVIII.—Rivas y Larra.
XIX.—El paisaje de España visto por los españoles.
XX.—Entre España y Francia.
XXI.—Parlamentarismo español.
XXII.—París, bombardeado y Madrid, sentimental.
XXIII.—Laberinto.
XXIV.—Mi sentido de la vida.
XXV.—Autores antiguos. (Españoles y franceses.)
XXVI.—Los dos Luises y otros ensayos.

# Paris, bombardeado
# y Madrid, sentimental

Establecimiento tipográfico
de Rafael Caro Raggio

# AZORIN

## Obras completas

Tomo XXII

# Paris, bombardeado y Madrid, sentimental

Mayo y junio 1918

1 9 2 1

Rafael Caro Raggio: Editor
Calle de Mendizábal, 34
MADRID

AL SEÑOR

DON LUIS V. D. H. A. HAUZEUR

GRAN AMIGO DE ESPAÑA,
GRAN AMIGO DE FRANCIA,
CON TODA CORDIALIDAD,

AZORÍN

«*Frontin*. Morbleu! que ne sommes-nous à Paris? J'aurais crédit.

*Arlequin*. Eh! que fait-on à Paris? Parlons de cela, faute de mieux. Est-ce une grande ville?

*Frontin*. Qu'appelles-tu une ville? Paris c'est le monde; le reste de la terre n'en est que les faubourgs.»

(MARIVAUX: *La Méprise*. Acto único, escena XII.)

A estas pocas páginas ha quedado reducido mi viaje a París: el viaje que hice —en mayo de 1918— como enviado del diario A B C. He querido suprimir todo lo que no se relaciona con el título de este libro. En esas páginas escritas en París, al reimprimirlas, he añadido detalles e incidencias que entonces no se podían decir. La realidad verdadera queda expresada en el presente volumen. Mi deseo es dar una visión directa, sobria y fiel de las cosas. Van al final algunos recuerdos de mi estancia en la gran capital francesa. Han sido escritas esas páginas a algunos meses de distancia; las otras las escribía día por día, hora por hora, bajo la presión inmediata de lo que yo iba viendo. Mucho he escrito durante la guerra; pero, entre todo, acaso lo que más place al artista literario —o lo que menos le disgusta— son esos breves párrafos en que el espíritu, en la lejanía, cada vez mayor, vuelve a sentir unos minutos que ya pasaron para no volver jamás, y evoca unas cosas a las cuales se aferra con profundo cariño antes de que se esfumen definitivamente en lo pasado. ¡Y esos minutos ya no volverán! No volverán las horas pasadas, en aquellos días trágicos, allá arriba, cerca del Arco de la Estrella, en el cuartito silencioso del Hotel Majestic...

Madrid, marzo, 1919.

*AZORÍN*

# I

## Llegada a París.

Todo se ha desenvuelto como en un sueño. Casi no puedo explicarme lo que ha sucedido. Y perdone el lector que hable de mí. En una relación de viajes, ¿qué será lo interesante: las observaciones filosóficas que pueda hacer el viajero —sin más que con una conexión lejana con la realidad—, las generalizaciones abstractas, las divagaciones literarias, o lo que simple y puramente se ve, se presencia y se atisba? «Yo estaba allí y lo vi», dice La Fontaine en una conocida y muy citada frase. Diré yo —dentro de mi modestia— lo que vaya viendo. De España, como postrer recuerdo, guardo el sonido lejano de unas campanas en la mañana de la Ascensión. Campanas que, a mil y tantos kilómetros de distancia, todavía están sonando en mis oídos... ahora acaso más dis-

tintamente que antes; campanitas que me hablaban de viejas ciudades, de callejuelas silenciosas, de caserones señoriles, de catedrales, de
conventitos con patios de cipreses.

Pasado el día, por la noche, a las diez, me
metí en un largo tren atiborrado de viajeros. No
había más tren rápido que ese para llegar a la
frontera. En mi departamento, unas señoras enlutadas y un anciano menudo, vivaracho, lim-
piamente afeitado. Pasan lentas y molestas las
horas de la noche. Cuando clarea el día apare-
cen los campos apacibles de Burgos. Entonces
el viejecito —con la voz entrecortada por una
tos pertinaz— comienza a nombrar todos los
lugares por donde pasamos; él sabe los montes,
vericuetos, barrancos y llanuras por donde
discurre el tren. De cuando en cuando, ante
una pequeña contrariedad (el no poder abrir la
maleta, el no encontrar un periódico que había
dejado sobre el asiento), se desazona y regaña
malhumorado. En estos casos, una dama alta,
esbelta, vestida de negro, sonríe, pronuncia una

palabra de sosiego, nada más que una palabra, y el viejecito torna a calmarse. ¡Qué dignidad, que nobleza, que ánimo imperativo y bondadoso a la vez hay en esta señora! Castilla, la gran Castilla, fuerte, dueña de sí misma y señorial, está representada en esta dama.

En una estación de enlace desaparecen el viejecito y la señora. El departamento queda solo; más allá entran en el coche un obispo y su familiar. Se quita el prelado su sombrero con el pintoresco borlón verde-blanco y comienza a leer en un librito. Luego, al cabo de la lectura y la meditación, coge un periódico, lee en voz alta algunas líneas y ríe al comentarlas. Yo callo, sentado en un extremo. Nada hay en este obispo de hosquedad, de excesivo y tétrico recogimiento, de tiesura. Su carácter es franco, llano, jovial. Santa Teresa, en sus *Constituciones*, recomienda a sus religiosas que hermanen la piedad y el fervor con la franqueza y la jovial comunicación. El tren avanza: ya ha quedado lejos el buen prelado. Músicas y comisiones le

han recibido en una estación. Doy unas vueltas
por el andén, en San Sebastián, y charlo un
momento con un amigo. El tern vuelve a ponerse en marcha. Ya estamos en Irún. Ya hemos cruzado el Bidasoa. ¡Francia!

¡Noble y dulce país de Francia! No ha habi-
do para nosotros ni el menor obstáculo al cruzar la frontera. No los hay para nadie que sin-
cera y honradamente quiera cruzarla. Los em-
pleados encargados de revisar los documentos
desempeñan delicada y escrupulosamente su
cometido. Gracias rendidas doy al comisario
de Policía, que me ha abrumado de atenciones
y deferencias. Su cortesía es irreprochable. En
la estación de Hendaya, al atravesar su zaguán,
he visto la viejecita enlutada a quien tantos libros y periódicos he comprado durante muchos veranos. Echo un vistazo a su pequeña librería, y luego, como en volandas, vertiginosamente, un magnífico automóvil me lleva a un
hotel de la playa de Hendaya. Estoy sentado
en una mesita, frente al mar. Es la una de la tar-

de. Allá en la lejanía del horizonte se divisa casi imperceptible el humo de un barco que cruza. La comida es delicada y suculenta. Sólo a los postres y a la hora del café he notado la falta de azúcar y de golosinas azucaradas. Tras la comida, en el vasto y claro vestíbulo del hotel, dormito un momento sentado en un ligero sillón de mimbres. El silencio es perfecto, maravilloso: *maravilloso* como el silencio de que Cervantes habla en varios pasajes de sus libros. Ni servidores ni huéspedes hablan en voz alta, ni mueven violentamente los muebles, ni dejan caer estrepitosamente objetos. La sensación de quietud y sedancia es admirable. Por los anchos ventanales se columbra la inmensidad azul del mar.

A las cinco, otra vez al tren. Es un tren larguísimo, interminable. En San Juan de Luz, en Biarritz, en Bayona suben compactos grupos de viajeros. Van llenos, rebosantes, departamentos y pasillos. Hasta París vendrá toda esta muchedumbre trashumante; muchos viajeros pasarán la noche en los corredores, sentados sobre sus maletas.

Hay a la hora de comer una vaivén contInuo de los departamentos hacia el comedor, y del comedor hacia los departamentos. En cuatro series se ha organizado la comida. Cae una lluvia torrencial que golpea los vidrios, y comienza a entreverse, al través de la cortina de agua, el paisaje de las Landas bordolesas. La noche cierra. Horas de profundo sueño. Cuando despierto al día siguiente, a las siete, creo estar soñando. Restriego el empañado cristal y contemplo un panorama de tierras labrantías, raso, cubierto del verde de las sembraduras, sin árboles, de ilimitados horizontes. ¿Estoy camino de París, o en marcha hacia Madrid? ¿Son éstos los campos franceses o los términos de Pinto, de Getafe o de Villaverde? La similitud con el paisaje manchego madrileño no puede ser más sorprendente. Pero pronto comienzan a surgir macizos de árboles, florestas, bosquecillos. El panorama ha cambiado. Nos vamos acercando a París. Surgen anchas edificaciones de fábricas con sus chimeneas humeantes. Ya el campo verde casi desaparece. A un lado y a otro de la vía no se ven mas que fábricas, depósitos, talleres. Multitud de rieles cruzan en todos los sentidos. Van y vienen trenes vertiginosos. Pasamos bajo la ancha y negra bóveda de una estación —Austerlitz—, y se cuela el tren en un túnel. Se detiene de pronto: hemos llegado. Estamos en París. El cielo, gris, ceniciento, es de una dulzura y una suavidad incomparables. Sobre ese elegante gris, en las grandes avenidas, destaca, con maravillosa armonía, el verde primaveral de los árboles.

Las calles están limpias, cuidadas en su terso asfalto. La muchedumbre de viandantes camina tranquilamente, y los automóviles, incesantes, desfilan raudos.

¡Profunda sensación de sosiego, de tranquilidad y de paz! Ahora escribo estas líneas en un cuarto ancho, claro y limpio de un hotel. He almorzado hace un momento; la comida ha sido

también, como en Hendaya, delicada y selecta.
El azúcar ha sido sustituída con sacarina, sacarina líquida, incolora, en grandes frascos de
cristal, o sacarina en diminutos comprimidos
blancos, envueltos cada uno en un papelito de
seda. Nada turba el silencio de este cuarto; la
luz, finamente gris de esta mañana —luz que
nos hace comprender al gran pintor Corot —se
hace todavía más suave al pasar tamizada por
unos sutiles visillos.

# II

## Primera tarde en París.

Terminé ayer mis notas diciendo que las escribía en un cuarto claro, limpio y blanco de un ancho hotel. Por la ventana se veía —y se sigue viendo hoy— un cielo gris, ceniciento, de una suave entonación. Todo reposa y calla en esta morada. La ventana da a un patio, como todo el edificio, de un puro y castizo estilo francés. Está hecha la construcción de sillares bien labrados, con los balconajes de piedra y las techumbres de negra y escurridiza pizarra. Se puede aquí leer, a esta luz fina y cenicienta, en este edificio clásico, rodeado de tal silencio y cuidado; se puede aquí leer con el más profundo goce espiritual a Montaigne, a Pascal, a Molière, a Sainte-Beuve... Acabé de escribir mis primeras notas y salí a la

calle. Siempre que ando algunos pasos y me
alejo del hotel, lo primero que veo, perfilándose imponente en la suave luminosidad del cielo, es el grande y monumental arco de la Estrella. Al caminar despacio por la ancha plaza,
por entre tupidos árboles, unos gorriones me
ofrecen la impresión primera, la impresión gra-
tísima que ayer mañana tuve a mi entrada en
París, al salir de la estación y desparramar la
vista por el panorama de la calle y por el
cielo. Había en la acera unos gorriones; iba yo
marchando hacia ellos, y ellos no se apartaban
ni sobresaltaban. Tuve que oxearlos con la
mano —cariñosamente— para que alzaran un
corto vuelo y fueran a posarse un poco más
lejos.

He salido del hotel, por primera vez, a la
tarde, después de escribir mi artículo. Ya sabía
dónde tenía que ir; el deseo de visitar las librerías me impulsaba vehementemente. ¿Habrá
hombre sin una pasión, sin una tendencia, sin
una preocupación? La mía son los libros; he de

llevar al tanto todo cuanto se publica en Francia y en España. No hay mayor gusto, no hay mayor fullería para el espíritu —decía nuestro Gracián— que «un libro nuevo cada día». Pensando en este aforismo, impelido instintivamente, he tomado un automóvil público. Las calles están animadas. Cuando se viene de Madrid, lo primero que sorprende son la anchura de las grandes avenidas, los vastos espacios libres y el ruido especial del tráfago continuo de los automóviles. El piso es llano todo él y asfaltado. Muchedumbre de automóviles van y vienen, como una enorme madeja que se moviera vertiginosamente. Y el ruido que producen no es el tableteo y el estrépito seco y violento de los vehículos de Madrid, sino algo así como el ruido de una serrería y de una cascada a la vez. Como el movimiento es tan intenso, el ruido sordo de los automóviles es una cosa continua, regular, uniforme, que no molesta ni desazona.

Corría velozmente el auto en que yo iba

hacia mis librerías. Diez o doce kilómetros he
recorrido por las calles de la ciudad. Yo mira-
ba atentamente las casas, sus muros, sus techumbres. Quería ver si descubría alguna señal
de desquiciamiento, de ruinas, producidos por
los bombardeos. Al cruzar una plaza he colum-
brado la parte alta de una casa toda derruída,
con andamios. En algunos monumentos públi-
cos, grupos de obreros se ocupan en cubrir con
sacos de arena y con tierra los bajo-relieves y
las partes delicadas de la obra artística. Al pasar por las avenidas, por los jardines, veía a la
gente sentada en los bancos y en las sillas charlando reposadamente. Aquí hay un provecto
señor de blancas barbas, en compañía de dos
señoras enlutadas; más allá veo un caballero
con una barbita puntiaguda —tipo Montaigne
y Anatole France— que habla con un niño;
aparte de todo el grupo, solitaria, contemplo,
un instante, una linda muchacha que mira como
extasiada a los árboles y tiene sobre las rodi-
llas un libro. (¿Será un libro de versos?) Yo qui-

siera haber hecho parar el coche; haber bajado; haberme acercado lentamente a esta joven soñadora, y haberla dicho, con el sombrero en la mano: «Señorita, ¿quiere usted que hablemos un poco?»

Pero el auto corre vertiginosamente. Hemos cruzado el Sena; hemos atravesado una ancha plaza; de pronto, nos detenemos. Veo escaparates repletos de libros, y libros de todas clases, chicos y grandes, con cubiertas de todos los colores, colocados en anaqueles y muestrarios al calcance de la mano. La librería es como un pequeño porche, un lugar abierto en que los transeuntes entran y salen a su placer, sin saludar, sin decir nada, sin pedir permiso a nadie. La gente circula por entre los montones de libros; toma unos; deja otros; lee un rato; curiosea a su sabor. ¡Qué encanto el de estas librerias francesas tan fáciles y libres para todo aficionado a las novedades bibliográficas! Experimento al entrar en ésta una profunda emoción; el alcohólico, ávido de alcohol, y a quien se le introdujera en una espléndida botillería, no sentiría cosa diversa. Aquí están, al alcance de mi mano, las bellas ediciones en tiradas limitadísimas, estampadas en ricos papeles, que no llegan a Madrid. Voy de una parte a otra; tomo y dejo precipitada y nerviosamente los exquisitos y primorosos volúmenes; parece que me va a faltar el tiempo para verlos todos, o que se los van a llevar todos antes de que yo los vea. Las encargadas de la tienda, lindas muchachas, sonríen viendo mi precipitación y mi ansiedad.

La primera fuerza de Francia, la más pujante, la más universalizadora, es la literatura. La Prensa, que había descuidado un tanto la crítica literaria y la revista bibliográfica, lo ha comprendido así, y ahora son ya muchos los periódicos que dan cuenta diariamente de los libros nuevos. Francia es grande en el mundo por sus escritores. Los clásicos han formado un ambiente espiritual, intenso, ambiente de finura, de penetración, de delicadeza y de humanidad

—sobre todo de humanidad—, que constituye la tradición francesa. Y esa tradición ha dado como productos, entre otras cosas, la mujer y la familia. No habrá en ningún país mujer más fina y comprensora que la mujer francesa, ni familia más estrecha, más amorosa, más sólida que la familia francesa. ¡Con qué continuidad y qué fervor se guarda en la familia francesa el ambiente espiritual de los antepasados! Para la madre francesa, dechado de madres, su hijo siempre es un niño. Su solicitud para con el hijo, sus cuidados, sus ansias, no tienen nunca término a lo largo de la vida, ni decaen nunca. Yo, a través de la literatura moderna y de la clásica, veo siempre a la madre francesa como una mujer en cuyo rostro —mientras piensa en el hijo— hay, en todo momento, una sonrisa de bondad y un ligero ceño de preocupación...

Pero la tarde ha ido cayendo; he revuelto y escudriñado todos los volúmenes de la librería. He comprado un grueso paquete de volúmenes. A la noche, en mi silencioso cuarto del hotel,

les iré cortando las hojas, e iré, de primera in-
tención, leyendo acá y allá. El auto torna a co-
rrer vertiginosamente por las largas avenidas.
Ya veo el monumental arco perfilándose en el
cielo del crepúsculo. Ya estoy en el hotel.

# III

## Un entreacto.

Después de cenar —a las ocho, todavía con luz— me fuí a dar un paseo por las calles céntricas. El hotel en que habito se halla alejado del núcleo de París; a las seis y media todas las calles comarcanas quedan desiertas. Me ha impresionado profundamente, los primeros días, esta soledad. Todo está cerrado. Sólo de tarde en tarde aparece un transeunte. Estamos casi en verano y son, oficialmente, las seis y media, pero de hecho —teniendo en cuenta el adelanto de la hora— las cinco y media. Camino por la ancha y larga avenida de Kleber y mis pasos resuenan en la soledad. Yo deseaba ver las otras calles. Hacía cuatro noches que dormía en París. La primera noche, durante los diez primeros minutos de estar en

la cama, tuve alguna —muy poca— inquietud.
Luego me dormí profundamente. Las otras noches había oído yo, de cuando en cuando, alguna vez, un ruido sordo y lejano como de una
bocina. Como en Madrid he oído este ruido
tantas veces, no me inquieté; se trataba, indudablemente, como en Madrid, del ruido de una
cañería de agua cercana; el aire penetra en el
conducto, y el agua, al salir con fuerza, produ-
ce ese ruido. Yo no quise preguntar nada a mi
llegada a París, ni después, de los bombardeos,
ni de cómo se daban las señales de alarma,
ni qué se hacía cuando la señal de alarma
sonaba. No había hablado de esto con nadie ni
siquiera una palabra. ¿Diré la razón? Me parecía
poco decoroso. Los franceses están en su casa
y pueden hablar de ello lo que gusten. Yo, un
extranjero —y además español; permitid esta
jactancia—, no debía mostrar ni el más mínimo
recelo, ni la más insignificante preocupación.
Hubiera sido esto, además —pensaba yo—,
faltar a la cortesía, no corresponder a la irre-

prochable cortesía, exquisita cortesía, que conmigo se había tenido y se seguía teniendo.

La primera vez que entré en mi cuarto del hotel, al desparramar la vista por su ámbito, vi encima de la mesilla de noche una vela; a su lado había un pequeño receptáculo para colocar cerillas. Dos días después, como yo no colocara cerillas en este receptáculo, lo retiraron de la mesita de noche. No me había yo preocupado de comprar cerillas ni de proveerme de una lamparita eléctrica de bolsillo. Al entrar en el cuarto de baño vi, pegado al espejo, un aviso que decía: «En caso de alarma, apáguense las luces del cuarto de baño, porque las ventanas no tienen cortinas». Todas las noches, al llegar a mi habitación, veía cuidadosamente cerradas las cortinas de la ventana.

Pues, como iba diciendo, salí a dar un paseo después de cenar. Me encaminé hacia el centro por la ancha, bellísima avenida de los Campos Elíseos. La noche era clara, esplendente, sosegada. Lucían diamantinas las estrellas. Gozando

de la apacibilidad de la noche, paseando lentamente, estuve durante dos horas. Volví al hotel
a las diez, y me acosté. ¿Diré que leí antes de
apagar la luz dos o tres páginas del *Quijote*?

Un cuarto de hora llevaba entre el sueño y la
vigilia, en la penumbra del sueño, cuando oí un
ruido sonoro y continuado. ¿Sería también una
cañería de agua? El ruido continuaba persistente; más lejos sonaba otro ruido idéntico. Eran
dos bocinas sonoras, que tenían una voz como
de un lamento y un aviso alarmante. En el hotel, en los cuartos de al lado, no se oía ningún
ruido: ni portazos, ni pasos precipitados; nada.
Las sirenas seguían sonando. No cabía duda.
Eché mano a la llavecita de la luz eléctrica, la
di vuelta y no se produjo la luz. La cosa estaba
patente. ¡Había llegado el momento! A obscuras, me vestí, y salí al pasillo. No había nadie
en él. Todo estaba en tinieblas. Fuí a tientas
hasta una débil luz, que columbré a lo lejos.
Era el ascensor. (¿Se me ha olvidado decir que
yo habito en el sexto piso?) En el ascensor ha-

bía dos o tres personas. Todos reían. «Pero, ¿hay que bajar?», pregunté yo. «Más vale bajar, que no estar expuesto aquí arriba», me contestó un señor. Descendimos el ancho vestíbulo del hotel. Había allí más gente: damas, caballeros, niños, servidores de la casa, perritos que iban de un lado para otro. Charlaban todos a gritos, bromeaban, reían. De cuando en cuando, descendía, por una ancha escalera, hacia el sótano, una señora que encendía, al bajar, una lamparita eléctrica. Yo bajé también hacia la cueva. ¡Qué terrible cueva! La cueva es un vastísima salón de baile; tiene el piso de brillante madera encerada, y hay anchos pasos de alfombra. Damas y caballeros iban tomando asiento en cómodos sillones. No había en nadie ni la menor traza de miedo o preocupación. Estábamos allí como en el entreacto de un drama. Un jovencito entró en la sala, se acercó a un grupo y dijo que él había escuchado arriba el ruido de los motores. Luego volvió a subir precipitadamente. Muchos de los circunstantes

subieron también. Yo estaba un poco sorpren-
dido de esta indiferencia. Quise subir asimis-
mo. En el vestíbulo del hotel había muchos
huéspedes; algunos se dirigían a la puerta. Fuí
también hacia la puerta. Había allí señoras y
caballeros mirando al cielo; un señor, sentado
en el escalón del umbral, fumaba tranquilamente. Algunas señoras paseaban por la acera. En-
tablé conversación con un señor de los que estaban en la puerta. Era un inglés.

—Desde que estoy en París, todas las noches
que hace luna vienen los alemanes.

—¿Las noches de luna?

—Sí; verá usted cómo vuelven mañana.

Hablamos en francés.

—¿Inglés? —me preguntó él.

—No, español —contesté yo.

—Ah! Usted viene aquí cuando allá no hay
peligro —dijo él riendo.

—¡Qué quiere usted! —repliqué yo—. Es
preciso verlo todo.

Transcurrió un rato, me cansé y me subí a

mi cuarto. Fuí a volver la llavecita de la luz eléctrica, y la luz no había llegado todavía. Me acosté a obscuras. No se oía nada. Tomé un sello de veronal y me dormí profundamente. Escribo estas líneas al día siguiente, a las ocho de la mañana. He pedido un periódico, y leo el parte oficial referente al suceso de anoche: «Los puestos de observación del campo atrincherado de París, habiendo señalado que los aviones enemigos se dirigían a París, la alarma ha sido dada a las 22 horas 12. Los puestos de artillería han abierto el fuego, y los aviones de la defensa se han lanzado al aire. Ningún aparato enemigo ha alcanzado a París; pero muchas bombas han sido arrojadas en los alrededores. El final de la alarma ha sido dado a las 23 horas 55.»

# IV

## egundo entreacto.

A las ocho, anoche, hubo relámpagos vivísimos y horrísonos truenos. Me revestí de mi impermeable y salí a la calle. No llovió. Quedóse, a poco, una noche apacible, límpida. Lucía clara la luna. Se veían muy pocas luces. Los cafés, llenos de gente, están cerrados para que no salga el resplandor de la luz. Los faroles, acá y allá, tienen los vidrios pintados de azul y están cubiertos con una caperuza. Encontré —inesperadamente— a un amigo, y estuve con él de charla. A las diez y cuarto volví al hotel. Me acosté; estaba leyendo, en la *Revista de París*, unas páginas inéditas de Anatole France, cuando oí una sirena fina y lejana. No era el sonido bronco de la otra vez. ¿Sería la señal de alarma? En el pasillo del hotel oí risas y voces.

No se apagaba la luz. Me levanté. Salí de mi cuarto. Pregunté; era, en efecto, la señal de alarma.

Algunos periódicos se quejaban, al día siguiente del primer entreacto —primero que yo he presenciado—, de la despreocupación de los parisienses. «Salen a la puerta de la calle —decían— y allí se están fumando». En efecto, anoche, en el hotel, ya casi nadie bajó a los sótanos. Salimos casi todos a la puerta de la calle; estuvimos allí un momento; después nos acercamos todos a la esquina; luego, para contemplar mejor el cielo, nos separamos de la acera y nos pusimos en medio del arroyo. Sonaban, a lo lejos, las sirenas puestas en algunos lugares eminentes; resonaban otras que llevaban en veloces automóviles los bomberos. En algunos momentos de silencio se escuchaban detonaciones apagadas, casi imperceptibles. La luna inundaba de clara y suave luz las calles...

Nos cansamos de esperar. Algunas señoras y

varios caballeros se separaron del grupo y volvieron al hotel. Poco después sonaba la señal de paz, y el grupo se dispersaba. Esta mañana, al redactar esta nota, a las siete, leo en un periódico el parte oficial, que dice así: «Aviones enemigos han franqueado nuestras líneas y bombardeado muchas localidades de la retaguardia. Habiéndose dirigido algunos aparatos hacia París, la alerta ha sido dada a las 22 horas 32. Ha cesado a las 23 horas 2. Han sido lanzadas bombas sobre diversos puntos de los alrededores».

V

*Strenas.*

ANOCHE, a las once menos cuarto, comenzaron a sonar las sirenas. Hacía una clara noche de luna. Yo estaba acostado ya. Me levanté y descendí al vestíbulo del hotel. Casi toda la gente de la casa estaba en la puerta. Se charlaba tranquilamente. De pronto comenzó a oírse el ruido de los cañonazos de la defensa aérea. Era como un persistente y retumbante tronar. De cuando en cuando, a lo lejos, en el cielo se percibía la lucecita vívida, fugaz, de un proyectil que estallaba. A veces el ruido de los cañonazos era más cercano. Al hacerse un poco de silencio, se percibía en lo alto el ronroneo de un motor; indudablemente era algún avión francés que pasaba y repasaba, vigilante. El grupo de los curiosos —entre los que había

muchas señoras— avanzamos, como la vez anterior, hacia el centro de la calle. Luego fuimos
hasta la esquina. Un señor hizo la observación
—exacta— de que podían caer sobre nosotros
los fragmentos de los proyectiles lanzados al
espacio. El estruendoso estampido de los cañones no cesaba. Salió del hotel una parejita
joven —un militar y una señora—; iban cogi-
dos de la mano, canturreando; se metieron en
un automóvil y se marcharon. Se oyó de pronto, entre el estampido de los cañones, un vo-
cerío que se acercaba. Era un automóvil que
pasaba por una calle próxima. Lo ocupaban
hombres y mujeres. Todos iban cantando a
coro, alegremente... Yo me cansé de esperar;
me había levantado a las seis; estaba fatigadísimo. Subí a mi cuarto, me acosté y me quedé
inmediatamente dormido. (Que no lo sepan en
mi casa.) Ahora leo en el periódico el parte
oficial. «Aviones enemigos —dice—, habiendo
sido señalados como dirigiéndose hacia París,
la alerta ha sido dada ayer noche, a las 22 ho-

ras 40. Los diversos medios de defensa han
sido puestos en acción; un cañoneo violento ha
comenzado y nuestras escuadrillas de aviones
se han lanzado al aire. El enemigo ha arrojado
un cierto número de bombas sobre diversas
localidades de los alrededores. Se han produ-
cido algunas víctimas y daños materiales. Ningún aparato ha podido entrar en París. Uno de
ellos, alcanzado por la artillería, ha caído incendiado al norte de la capital. El final de la
alerta ha sonado a la una».

# VI

## En la madrugada.

A las once y media dieron un primer aviso; pero yo no oí nada. Dormía profundamente; estaba fatigadísimo de mis andanzas de todo el día. De pronto, sonaron tres o cuatro formidables explosiones; me desperté; era la una y veinte minutos. Encendí la luz. Un momento después comenzaba el largo y clamoroso lamento de las sirenas. Me vestí y salí al pasillo. Había en él una señora. «Baje usted, baje usted —me dijo—; han caído unas bombas ahí cerca». Todo estaba tranquilo. Esta vez bajaba poca gente al vestíbulo y a los sótanos. Sin embargo, había más motivos para bajar que. las veces anteriores. Al lado de mi cuarto viven un militar francés y su señora; la señora descendió a la planta baja (estamos en el quinto piso); pero el militar se quedó en su habitación.

Bajé y salí a la calle. El retumbo de los cañones era estruendoso, terrible. Unas veces sonaba lejos; otras, se aproximaba y se oía allí cerca. A lo lejos, en el horizonte, rayaban el cielo los trazos largos y luminosos de los reflectores, que iban de un lado a otro explorando la bóveda celeste. Y multitud de lucecitas —las lucecitas de las explosiones de proyectiles— brillaban vivamente un momento en el cielo, entre las estrellas, más fulgurantes que las estrellas. Se percibía de cuando en cuando, al hacerse un poco de silencio, el bordoneo de un motor en lo alto. Me cansé de observar el cielo y fuí a dar una vuelta por el sótano. Al sótano se desciende por dos escaleras de mármol que arrancan de la escalera principal. Se entra primero en un saloncito pavimentado de mármol blanco, y con grandes espejos en las paredes; después se desciende por dos escalones a otro salón igual, y luego se baja por cuatro o

seis peldaños a un amplísimo salón de baile.
Anoche le estuve inspeccionando; hay un magnífico piano de cola y un órgano. Esta es la
terrible cueva donde tenemos que refugiarnos.
Pero casi nadie baja a ella. Todos estamos en
el vestíbulo y en la puerta. ¿Por qué en Madrid,
al decidir mi viaje, sentía yo más preocupación
que siento ahora? Ahora no siento ninguna. En
Madrid se siente más temor a los bombardeos
de París que en el propio París. La disposición
del ánimo la forma el ambiente. En Madrid se
me hablaba de estos peligros; en París nadie
habla de estas cosas. Se fuma en las puertas.

Volví a la calle; el ruido de la artillería
—como una tronada pavorosa— seguía tan intenso como antes. Los trazos luminosos de los
reflectores continuaban explorando el cielo.
Surgían los puntitos luminosos de las explosiones. Y como el volar de una enorme abeja,
ronroneaba el ruido de los motores. Vi ya bastante con lo visto; subí a mi cuarto y me acosté. En el parte oficial que publican los perió-

dicos de esta mañana en su última hora leo que
«un cierto número de bombas han sido lanzadas sobre la aglomeración parisiense», y que
«la alerta cesó a las tres y media».

Por la tarde he ido a la estación de Austerlitz y he visto los destrozos causados por las
bombas. Ha caído una en medio de la ancha
bóveda de cristales; millares de cristales han
sido rotos; una alfombra de pedacitos de cristal cubre el suelo. En el centro de la estación,
entre las vías, el proyectil ha abierto un profundo hoyo. Otra bomba ha caído en un alma-
cén de al lado. Ha incendiado las mercancías y
ha arrancado y retorcido todos los hierros de
la techumbre...

¿Cómo habían podido tirar estas bombas? A
las once y media intentó entrar en París la es-
cuadrilla de aviones enemigos. Dieron la primera señal de alarma las sirenas. La artillería
rechazó a los aeroplanos alemanes, y éstos se
retiraron. Pero se escabulló uno, entró en París,
estuvo volando sobre la ciudad y arrojó cinco

bombas. Los tremendos estampidos de las explosiones fueron los que me despertaron. Inmediatamente después de las explosiones comenzaron a sonar otra vez las sirenas. El avión, luego de bombardear París, logró marcharse guiado por la cinta blanca del Sena.

# VII

*El cañón.*

ESTA mañana, a las seis, estando en la cama, he oído, a lo lejos, un estampido. Todo reposaba en silencio. Las cortinas de la habitación estaban cerradas y reinaba en la estancia una suave claridad. Diez minutos después, exactamente, ha resonado otra tremenda detonación. No he pensado nada cuando he oído la primera; he comenzado a sentirme receloso cuando ha llegado a mis oídos la segunda. «Indudablemente —pensaba yo— se trata de alguna experiencia de tiro, realizada en los alrededores de París. Pero, ¿por qué en las circunstancias actuales permiten esos estampidos que pueden ocasionar alarma?» Me he levantado lentamente. Otra nueva detonación, quince minutos después, me ha hecho pensar ya, con

resolución, en algo extraordinario. Cuando he
acabado de arreglarme y vestirme he pedido el
desayuno. El camarero ha entrado en la estancia, ha hecho una ligera inclinación de cabeza,
ha dejado la bandeja sobre la mesa y se ha
marchado. Apenas había salido cuando una
sirvienta ha dicho desde la puerta: «¿No sabe
usted? ¡El cañón! Ha comenzado otra vez el cañón». Yo he contestado que no había oído
nada.

Ya estaba disparando el cañón: disparando
desde ciento veinte kilómetros de distancia.
Los proyectiles —según dicen— caerán desde
treinta kilómetros de altura. He bajado al vestíbulo del hotel. Había, sentados, charlando
tranquilamente, otros huéspedes de la casa. Se
oía, de cuando en cuando —cada cuarto de
hora—, un estampido formidable. He salido a
la calle. No se veían tantos transeuntes como en
días anteriores. El estampido del cañón resue-
na en todo París: es un ruido seco, violento,
brevísimo. He paseado por los bulevares, he

regresado al hotel. Grupos de señoras y caballeros —como antes— conversaban apacible-
mente en el ancho vestíbulo. Hemos entrado
en el comedor y nos hemos sentado a almorzar.

El cañón no interrumpe la vida. Mil contin-
gencias peligrosas rodean nuestra existencia.
Peligrosas, y que, sin embargo, no tuercen
nuestra vida de su cauce normal. Quizá este
vaso de agua que estamos bebiendo contiene
los gérmenes de una terrible enfermedad; tal
vez, al dar un paso para cruzar la calle, vamos
a ser aplastados por un vehículo; nadie puede
asegurar que no camina a estas horas por sus
venas un coágulo de sangre que ha de matarle
súbitamente. Todo esto es tan digno de ser
meditado como el riesgo del cañón. Salimos,
sin embargo, de casa; atravesamos plazas y
calles; bebemos agua; no nos pasamos el día
palpándonos y auscultándonos. La vida se sobrepone a todo. Se sobrepone a dolores y angustias. La vida encierra en sí misma, para
subsistir, cierta cruel impasibilidad. Nos rebe-

lamos —noblemente— contra el hecho, y el hecho nos vence. En silencio, sin conmociones, con suavidad, ideas y sentimientos, que parecían inconmovibles en nosotros, se van esfumando en lo pretérito. Y esto es acaso más terrible que el cañón.

# VIII

*El señor del brazo extendido.*

En el vestíbulo del hotel oigo discutir a mi lado, detrás de mí, y vuelvo la cabeza. Hablan un señor, con un bastoncito de cayada, y un militar. El señor tiene la mano derecha apoyada en su bastón; el brazo izquierdo le levanta extendido, y con la mano señala uno de los anchos ventanales.

—Dispense usted —le dice al militar—, vienen por allí, en esa dirección. Yo respeto mucho su juicio; pero esta es la verdad exacta. Fíjese usted: en esta dirección; por allí...

El militar sonríe y mueve la cabeza a un lado y a otro indicando negación.

—No —replica—; algo sé yo de eso, y le aseguro a usted...

—Perdón —le ataja vivamente el señor de la cayada—; la dirección no es otra sino la que yo le digo a usted. Repare usted nuestra posición ahora: estamos frente al noroeste; a la derecha es donde están *ellos; ellos* disparan en este sentido, y por eso la dirección de los proyectiles es ésta.

Y con el brazo extendido, un poco levantado, señala de nuevo a una de las ventanas. El militar sigue sonriendo, y dice benévolamente:

—¡Ah, no, no! No es eso.

Entonces el señor comienza de nuevo su explicación. Habla del noroeste, del norte, de poniente, de levante, y extiendo otra vez, inmóvil, seguro de sí mismo, el brazo hacia el ventanal.

El segundo día de cañoneo bajo otro rato al vestíbulo. El señor del bastoncito está rodeado de unas señoras y tiene extendido el brazo hacia la ventana.

—Esa es la dirección; vienen por ahí. Colocados como estamos, nos hallamos frente al noroeste; pues bien, *ellos* están allí, y los proyectiles vienen por ese lado.

Una de las señoras hace una observación.

—No, no; de ningún modo —replica el señor—; la dirección es esa que les digo a ustedes. Lo sé bien; fíjense ustedes; ese es el noroeste.

Por la noche, antes de cenar, me detengo otro poco en la espaciosa sala de entrada. El señor del bastón está discutiendo con un caballero de larga barba.

—La dirección es esa —dice al señor—; puestos en esta posición nos hallamos frente al sitio por donde vienen los proyectiles. Fíjese usted bien: ahí es donde están *ellos*; disparan en este sentido...

El caballero de la barba larga permanece un momento silencioso; luego dice:

—No lo creo; es todo lo contrario; la dirección es aquélla.

—¡No, no! —replica vivamente el señor del bastón—. ¡Está usted en un profundo error! Fí-

jese usted: estamos ahora frente al noroeste;
ese es el noroeste. Pues bien, han de venir
por allí.

Y extiende el brazo, rígido, imperativo, se-
ñalando la ventana.

Al día siguiente, por la tarde —tercer día de
tiro lento de cañón—, me siento en el vestíbulo y comienzo a leer un periódico. De pronto
oigo discutir, levanto la vista y veo al señor
del bastón con el brazo extendido hacia el ventanal.

—Por ahí —dice a dos señores que están con
él—; esa es la dirección. Nos hallamos frente al
noroeste.

Uno de los caballeros observa:

—¡Cómo! ¿Frente al noroeste?

—Sí, sí —replica el señor—. Fíjese usted:
aquel es el noroeste; *ellos* están en esa dirección. Disparan en ese sentido. Los proyectiles
han de venir por ahí...

Los caballeros callan; el señor del bastón
continúa dando sus explicaciones.

El cuarto día de cañoneo; al bajar al vestíbulo... Reléase todo lo que va escrito. Cuando este señor del bastón de cayada termina de dar sus explicaciones, sale a la calle y, pasito a paso, tranquilamente, se marcha dando un agradable paseo. Muchos días le he encontrado yo sentado en un jardín, leyendo.

# IX

## La primera hora matinal.

Ya estaba mi cuarto completamente iluminado por el sol. Yo me hallaba en un estado intermedio entre el sueño y la vigilia. Ha sonado un estampido. Me he levantado; eran las seis menos cinco minutos; diez minutos después sonaba el segundo estampido. El sol entraba en ancho raudal en la estancia. Estaba el cielo limpio, de un suave azul. En esta hora de la mañana todo reposaba. En el vasto hotel no se percibía ni el más ligero rumor. Me he sentado ante mi mesita —cargada de libros— y he comenzado a escribir. La mesa se halla colocada junto al balcón; al través de los claros, sutiles visillos, veo el patio —de estilo Renacimiento francés—, las techumbres inclinadas de pizarra, la pura bóveda celeste. El sol va ascen-

6

diendo lentamente. Me place escuchar los ruidos que hasta aquí llegan de la gran ciudad.
¿Cómo despierta París? Los silbatos de los trenes son los únicos que, como agudas flechas,
rasgan el silencio matinal. Ya suena uno fino,
cercano, largo, persistente; ya otro, tras una
larga pausa, surge repentino y breve; ya un ter-
cero ondula, fluctúa, asciende, desciende y acaba por morir desfallecido, tenue, apagado.

En el hotel, en el pasillo interminable, en las
habitaciones vecinas, ni el más pequeño ruido.
El sol ha ascendido en el horizonte y ya lo llena
todo. Se advierte el gemido continuado de una
cañería de agua; de pronto se oye la bocina de
un automóvil que pasa. Lejana detonación. Ya
la gente, los moradores del hotel, van remo-
viéndose. Se percibe el trajinar de los sirvien-
tes, el tintineo de un timbre. Llega de la calle
también el estruendo sordo de un largo tranvía
que pasa por la cercana avenida. Ruidos más
cercanos, más estrepitosos, han vencido a los
finos silbidos de las locomotoras; la ciudad ha

despertado; a estas alturas, a este recogimiento en donde me hallo, vienen como oleadas de vida de la populosa urbe, en forma de todos estos ruidos que se entremezclan y confunden. La hora diáfana, silenciosa y reposada del nuevo día ha concluído.

# X

## La risa en la noche.

Anoche hubo una nueva alarma. Gimieron las sirenas a las diez y media. Yo me había ya acostado. Leía el *Quijote*. ¡Qué admirable lectura la del *Quijote* en estos tiempos, en esta noble tierra francesa, en este ambiente de heroísmo, de abnegación y de ideal! Me vestí y me dispuse a bajar al vestíbulo del hotel. Todas las noches, después que me acuesto, oigo, invariablemente, pasar por el largo corredor a una linda joven que se encamina a su cuarto. La oigo, porque siempre va riendo a carcajadas argentinas. Esta muchacha llena el hotel con su simpática locuacidad y con sus risas. Salí al pasillo, y ya estaban las luces apagadas. Encendí mi lamparita eléctrica. Iban también por el corredor la muchacha jovial con otras dos amigas y un militar joven. Todos reían. Nos metimos en el ascensor para bajar. El militar llevaba en la mano una copa llena de agua y hacía una parodia cómica del miedo; unas veces bebía de la copa como para serenarse; otras fingía como que se desmayaba. La muchacha jovial y las otras dos amigas reían estrepitosamente. Reía el encargado del ascensor. Yo reía también. Llegamos abajo, y en la obscuridad del salón, en el vasto ámbito tenebroso, resonaba, de cuando en cuando, la risa argentina, alocada, de esta maravillosa muchacha.

# XI

## Observaciones.

CUANDO suena un estampido, los caballeros sacan el reloj para ver la hora, y las señoras miran su relojito de pulsera.

\* \* \*

El ángulo agudo es nuestra salvación. Siempre nos encontramos en algún sitio donde para llegar los proyectiles habrían de formar un ángulo agudo; y esto es completamente imposible. He oído muchas veces explicar técnicamente el caso. No lo he entendido muy bien; pero las explicaciones me han tranquilizado. Todos los parisienses tienen su ángulo agudo;

lo tenemos también los extranjeros que nos
hallamos de paso en la gran ciudad.

\* \* \*

En las primeras horas de la mañana, con el
silencio y el reposo, el peligro parece mayor.
Luego comienza el ruido y el movimiento, y
ya nos olvidamos de todo. Los días de sol hay
también (parece que hay) menos riesgo que los
días nublados.

\* \* \*

La gente del pueblo, a cada detonación,
profiere frases equivalentes a estas nuestras:
«¡Agua va!» «¡Arre allá!» «¡Hala, que es tarde!»

\* \* \*

Un amigo mío ha hecho la observación de
que cuando más fuerte es el ruido de la explo-

sión, el proyectil ha caído más lejos. Esto me consuela.

*  *  *

El cañón es un excelente despertador. Tiene la ventaja sobre los otros despertadores de que a los dos días ya se despierta uno un poco antes de que suene.

# XII

## Los buscadores.

Los buscadores parecen practicar un rito sagrado y hermético. He ido al sitio donde ha caído uno de los proyectiles. Era en el jardín de las Tullerías, cerca de la puerta que tiene en la plaza de la Concordia. Casi todos los proyectiles caen en esta zona del centro de París. En el sitio donde ha caído el proyectil a que me refiero había un hoyo como de ocho metros de diámetro y de bastante profundidad. Dos o tres niños estaban dentro removiendo la tierra con unos palitroques y buscando algo. Buscaban fragmentos del proyectil. Cerca de allí, otros transeuntes iban también rebuscando y escudriñando. Los demás presenciábamos en silencio la escena. Y era curioso el espectáculo

de todos estos ciudadanos, grandes y chicos,
atentos, cuidadosos, ensimismados en la opera-
ción de buscar un pedacito de acero. Diríase
que estaban practicando un rito hermético y
sagrado.

# XIII

## Adiós al cañón.

¡ADIÓS, cañón! Me voy de París. Durante siete mañanas me has despertado. Pero ya había acabado por acostumbrarme —por la mañana y por la tarde— a tus estampidos. ¡Adiós, cañón! Me vuelvo a España. Yo estaba aquí muy bien. En los primeros días, un ambiente de recelo me rodeaba. Era yo un español. ¿Qué venía a hacer aquí, *ahora*, un español? ¿Quién era este español que no hablaba, que leía, que escribía, que no recibía visitas? Poco a poco se fué disipando esta atmósfera que en el hotel me envolvía. Con los servidores, yo procuraba mostrarme afectuoso (y ser espléndido en mis recompensas). Ahora ya me consideraban todos como un compatriota. Todos sienten mi marcha; todos me preguntan que cuándo

volveré. ¿Cuándo volveré? No lo sé; mi corazón
lo dejo aquí. ¡Adiós, cañón! ¡Adiós para siempre! Cuando yo vuelva, ya no tronarás más tú.
Ahora me voy otra vez hacia tierras de España.
Hacia las viejas ciudades; hacia el cielo azul y
radiante; hacia las callejueles; hacia los hombres con sus capas y sus sombreros anchos,
bajo cuyas alas brillan unos ojos terribles...


París, mayo y junio, 1918.

# En la lejanía...

# I

¡Qué lejos que veo París, desde aquí, desde esta alta meseta castellana, a seiscientos cincuenta metros sobre el nivel del mar! ¿Es verdad que he estado yo en París unos días de la primavera pasada? ¿Me he levantado por las noches de la cama cuando las sirenas avisaban la llegada de los aviones alemanes? ¿He oído el formidable estampido del cañón de largo alcance? ¿Me he paseado, lenta y dulcemente, por las orillas del Sena? ¿Me he sentado en los cafés a tomar una botellita de agua de Vittel? ¿No es un sueño todo esto? ¡Qué lejos está todo! Todo es como una neblina sutilísima —la neblina de los recuerdos— que se va desvaneciendo poco a poco. Pero en esta neblina destacan, a manera de estrellas, unos puntitos luminosos: son las sensaciones más gratas, más intensas, que hemos tenido; alrededor de esos puntitos, en ellos mismos, se condensa y cristaliza todo nuestro pensar y sentir de muchos días. Lentamente esos puntitos brillantes se irán apagando también, y entonces sólo quedará en nuestro espíritu un anhelo, una sensación vaga y confusa...

* * *

Me veo en París sentado en la terraza de un café; he pedido la consabida botellita de Vittel. Estoy en los bulevares. Pasan, van, vienen por el centro de la calle coches, autos, camiones, ómnibus. Las aceras están llenas de transeuntes; son las cuatro de la tarde. Acaba de salir *Le Temps*. Yo he comprado en las librerías dos o tres volúmenes, que he colocado en el suelo, al pie del velador. No tengo ninguna preocupación; no me sucede nada. Para mí, el espec-

táculo supremo es el de la calle. Encerrado
entre cuatro paredes no puedo estar más allá
de una hora; soy un hombre callejero; necesito
el aire libre. Para trabajar es preciso que yo no
haga nada. Cuando estoy afanado, cuando estoy
ansioso de hacer algo, cuando estoy preocupado porque se me ocurra alguna cosa..., entonces
no se me ocurre nada, ni puedo hacer nada
tampoco. Mi cerebro trabaja, sin darme yo
cuenta de ello, cuando voy a la ventura por las
calles sin pensar en nada y sin preocupación
ninguna. Yo, por lo tanto, para producir necesito no trabajar. ¡Qué deliciosos paseos por
París en estas mañanas templadas de primavera! La armonía de la ciudad, su larga e intensa
tradición intelectual,  se refleja en el ambiente.
El cielo, en estas mañanas, era de un gris suave, plateado; allá, en lo alto de los Campos Elíseos, el Arco de la Estrella se perfilaba majes-
tuosamente. En los jardines había un silencio y
una paz profundos. Los gestos de los viandantes eran lentos; un señor leía atentamente en un

libro; varias señoras, sentadas en círculo, hacían labores y hablaban con tranquilidad. (A lo lejos, en el mismo suelo de Francia, se decidía, en estos instantes, la suerte de la nación francesa y de Europa.)

* * *

Un ruido largo, persistente, continuado, un ruido como de silbido y como de lamento de un animal. Hace una hora que he apagado la luz. Estaba en el primer sueño. ¿Qué será este ruido? Se oyen otros idénticos más lejanos. Resuenan portazos en el pasillo; oigo voces, conversaciones. No me cabe duda: las sirenas avisan la llegada de los aviones alemanes. Echo mano a la llavecita de la luz eléctrica y veo que no hay luz. No tengo fósforos. La sirena continúa su lamento largo, clamoroso, plañidero. Durante toda mi vida recordaré este inmenso plañido en el silencio de la noche. Me visto a tientas, precipitadamente, y bajo al vestíbulo del hotel. Después he salido a la calle. En estos momentos supremos se establece una repentina intimidad entre gentes que no se conocen. Todos charlamos efusivamente y reímos. En el silencio resuenan estruendosos los disparos de la artillería. Se ven los puntitos fúlgidos de los proyectiles al estallar en el cielo...

Durante muchas noches, ocho o diez, al acostarme, lo preparaba ya todo para levantarme una hora o dos después. Sobre una silla, cerca de la cama, ponía un pañuelo de seda para el cuello (no había tiempo para ponerse la camisa) y un amplio gabán. Las primeras noches, al sonar las sirenas, parece que me faltaba tiempo para vestirme; luego fuí vistiéndome con más calma. Me compré una lamparita eléctrica; todos los huéspedes del hotel la tenían. Con mi lamparita iba por los largos corredores de este hotel —el «Majestic»— y bajaba hasta el vestíbulo. Casi siempre regresaba a mi cuarto antes de que dieran la señal de que el peligro había cesado. Como todavía no había luz, la misma lamparita me servía para acostarme.

¡Qué profunda impresión me produjo la primera vez que oí la señal de paz! Fué a la quinta o sexta noche de alarmas. Como siempre me había acostado —y dormido— antes, no había tenido ocasión de oír esa señal. Quise oírla una noche. Esperé. Mi cuarto estaba en tinieblas; aparté los cortinajes y me puse en el balcón abierto. En la soledad, en el silencio profundo de la noche, después de las horas de angustia, todas las campanas de París comenzaron a tocar a repique. Hasta el piso sexto en que yo me hallaba —y en lo alto de la plaza de la Estrella— llegaba de la gran ciudad un estruendoso y alegre rumor de cien campanas: campanas agudas, campanas graves, campanas distantes, campanas próximas. ¡Sábado de Gloria en la noche! París respiraba y todas las voces metálicas de sus iglesias cantaban de alegría. Y en el cielo, limpio, puro, brillaba la luna.

\* \* \*

La impresión que me produjo el cañón de
ciento veinte kilómetros de alcance fué de
asombro. Este retumbante estampido, estampido formidable, hacía pensar en los prodigios
de la industria humana. ¡Cómo! A ciento veinte kilómetros de este cuartito del hotel en que
yo me hallo disparan un cañón, ¿y el proyectil
puede venir a caer aquí sobre mi mesa? El espíritu aparatoso, teatral, burdamente efectista
de los alemanes, se complacía en disparar sobre París cada vez que comenzaba una nueva
ofensiva. Oí el cañón en su última y definitiva
etapa. Ya no disparará más. Yo hacía mi vida
ordinaria. Cada cuarto de hora retumbaba un
tremendo estampido. Comenzaban los disparos
a las seis; terminaban a las ocho. Los proyectiles caían desde una altura de treinta kilómetros. «Pida usted —me dijo un amigo— una
habitación en el piso primero del hotel». No
quise hacerlo. No hablé en París con nadie
—ni una palabra— ni de los bombardeos noc-
turnos ni del cañón. Hacíamos en el hotel la

vida habitual. Yo charlaba un rato por las mañanas en el vestíbulo; luego tomaba un automóvil y me marchaba. Y todo el día, cada quince minutos, el retumbo formidable de la ex-
plosión.

\* \* \*

Los alemanes han comenzado una nueva
ofensiva. La ha anunciado el cañón de los ciento veinte kilómetros. Los generales tudescos
han lanzado las más temerosas bravatas. ¿Hasta
dónde avanzarán los ejércitos enemigos? Llega
la noticia de la toma de Château-Thierry. Los
proyectiles del gran cañón truenan cada cuarto de hora en París. ¿Hasta dónde llegarán los
ejércitos enemigos? ¡Días terribles, angustiosos,
estos de la última decena de mayo de 1918!
Días críticos para Francia y para Europa. Días
los más decisivos de toda la guerra. Yo, que
no había podido venir antes a París, he querido
venir ahora. En París he estado, pues, en las

horas más trágicas de la guerra. Recordaré siempre los paseos que di el día de la toma de Château-Thierry. Había mucha menos gente en los bulevares. El ferrocarril subterráneo iba lleno. Y nunca, jamás, olvidaré el silencio, la seriedad, el recogimiento de la gente. Sobre todos pesaba una tremenda preocupación.

Ya están para siempre todos libres de ella. ¡Divino París! ¡Divina Francia! En mi corazón está la luz suave de tu cielo, el sutil razonar de tus filósofos y la sonrisa maravillosa de tus mujeres.

¿ALGUNOS recuerdos más de París? De París en los días más trágicos de la guerra. Lo que, antetodo, queda en mi espíritu es la dulzura de su cielo, el cielo de Francia. Veo ahora —con los ojos del espíritu— el cielo suave, de un fino color gris, plateado, y los árboles verdes de las orillas del Sena, y allí cerca unas largas ringleras de cajones llenos de libros. El tiempo me ha preocupado siempre; toda mi obra refleja esa preocupación de la noción del tiempo, de la corriente perdurable del tiempo, de la labor terrible del tiempo deshaciendo las cosas. Hay en mi vida como jalones espirituales que van marcando el paso del tiempo; son esos jalones agradables o desventuradas sensaciones. A veces la sensación que recuerdo y que divide el tiempo en dos pedazos, es simplemente vulgar, anodina; a veces, dolorosa. «Un día estaba yo en lo alto de una montaña y descubría todo el panorama; la mañana era radiante...» «La muerte de un sér querido; sus manos blancas, lívidas, cruzadas sobre el pecho...» «Un libro que yo escribí en ocho días, impulsivamente, sintiendo la emoción hasta lo más íntimo de mi sér, obsesionado durante una semana por lo que estaba haciendo...»

Tales son algunos de los jalones del tiempo que ha pasado por mí. Este jalón de París, en sus días angustiosos de mayo de 1918, es para mí, capital. Me gusta en una gran ciudad, en el centro bullicioso de una gran ciudad, ver, desde una habitación apartada adonde no llega el estrépito de la calle, la caída del crepúsculo vespertino. Poco a poco las tinieblas se van iniciando; la habitación queda en la penumbra; suena la campana lejana del *Ángelus*. Todo está en silencio; contemplo el pedazo de cielo —so-

bre los tejados— que va palideciendo cada
vez más. Entonces, en estos momentos solemnes, íntimos, es cuando veo, como en síntesis,
toda mi vida pasada. Entonces es cuando apa-
recen los jalones que han ido marcando mi
ruta. Entonces es cuando siento —trágicamen-
te— la corriente del tiempo y surgen con una
agudeza extraordinaria, dolorosa, estas sensaciones pasadas, que ya, de ningún modo, vol-
verían a ser las mismas, en los mismos lugares,
en el mismo ambiente.

\* \* \*

De mi estancia en París, el documento más
preciado que poseo es un papelito verde que
dice en su parte superior: «Sieges des prome-
nades de Paris (1er Lot.)». Luego vienen otras
inscripciones. ¿Qué es este papelito? Al segundo día de mi llegada a la gran ciudad, como
pasara en automóvil por la avenida de los
Campos Elíseos, despedí el coche y comencé a

caminar por los jardines. Era una mañana de
primavera; había poca gente. Cuando estuve
cansado, me senté. Vino una viejecita vestida
de negro. Cortó de un talonario un billete y
me lo dió. En Madrid existe la preocupación
—en alguna gente— de mirar los billetes de
los tranvías para ver si su número principia y
acaba con la misma cifra. Si acontece esto se
considera de buen augurio. Quise ver mi billete; quise verlo por curiosidad; no soy supersti-
cioso. El número de mi billete era el de 1221.
Lo guardé en mi cartera. Quería tener este recuerdo de París.

¡Qué espléndida estaba la mañana! Cerca de
mí había, sentadas, haciendo labor, dos o tres
señoras ancianas. Se gozaba allí de una quietud
profunda. Daba gozo ver la verdura de los árboles, y, por entre el ramaje, el cielo. ¿Cuándo
volvería yo a vivir este minuto? Nunca. Algunos días después comenzaba el bombardeo
nocturno, y poco más tarde, a las seis en punto de la mañana, iniciaba sus tiros el cañón de

largo alcance. No tomé precaución ninguna
nunca. No me sucedió nunca nada. ¿No llevaba
yo en mi cartera mi billetito con el número
1221? «Cheradam, concessionnaire».

\* \* \*

En los mismos Campos Elíseos, un piso
principal en una casa. Las habitaciones son
amplias. Hay un salón con grandes vitrinas llenas de piezas de preciosa cerámica. En el reci-
bimiento se ve un sofá antiguo, de tapicería, y
un busto de mármol blanco encima de una co-
lumna: un señor antiguo, rasurada la faz y con
la amplia peluca en cascada. El despacho tiene
un largo balcón. Están abiertas las puertas de
cristales; sobre el balcón, para resguardo del
sol, hay pequeños toldos cóncavos. Yo estoy
de pechos sobre la barandilla; aspiro a plenos
pulmones el aire fresco de la primavera. Mi
vista se posa en el follaje pomposo de los árboles. Todo es sencillo, elegante y cómodo en

esta casa. Vivir aquí, en el centro espiritual del planeta, en el centro de la ciudad más bella del mundo, es una delicia. Vivir aquí es vivir siete veces más que los otros mortales. El ambiente de dentro de la casa encuentra su armonía perfecta con el ambiente de fuera: con la larga y espléndida avenida, con el próximo arco de la Estrella, con el boscaje tupido del soberbio parque. Pienso todo esto cuando estoy de bruces sobre la barandilla; gozo de esta sensación física y espiritual al mismo tiempo. Espiritual porque lo que se siente en este ambiente, porque lo que hace que este ambiente se sienta de este modo —con tanta dulzura— es Montaigne, es Molière, es Pascal, es Corneille, es Voltaire...

*  *  *

Y ya que he nombrado a Corneille... La mañana en que el cañón de alcance de ciento veinte kilómetros comenzó a disparar sobre

París, tenía yo que ir al Ministerio de la Guerra. Estaba allí citado con un alto funcionario
desde días antes. Fuí allá. Era aquella la zona
de París más expuesta a los disparos. Di equi-
vocadamente la dirección al cochero, y, despe-
dido el automóvil, tuve que ir luego largo trecho a pie. No andaba nadie por la calle. Sonó
un tremendo estampido. Continué buscando la
puerta del Ministerio. La encontré, por fin, y
poco después me hallaba en presencia de la
persona con quien estaba yo citado. Recuerdo
hasta en sus menores detalles la escena. Había
una ventana a la izquierda. Nos hallábamos los
dos de pie en medio de la estancia. Al comenzar a hablar sonó una terrible detonación que
hizo retemblar los cristales. Ni mi interlocutor
pestañeó, ni yo tampoco. ¿Cómo iba yo a hacer ni el menor movimiento, allí, en presencia
de un extranjero, de un extranjero para mí?
¿Cómo un extranjero, yo, un español, iba a su-
frir ni la más mínima distracción, en aquel momento, en tierra que no era la suya, entre

gentes desconocidas? Seguimos hablando impasibles mi interlocutor y yo. Nos sentamos; a la mitad de la charla, sonó, allí cerca, otro estruendoso estampido. Parecía que se venía abajo todo el edificio. No hubo ni la más ligera interrupción en la charla. Ni mi interlocutor hizo alusión ninguna a la detonación, ni yo tampoco.

El espíritu de Corneille —el espíritu del deber— estaba en el ambiente. ¡Minutos inolvidables! Esos formidables estampidos, que oíamos sin pestañear, sin interrumpir la conversación, eran la señal —la señal última— de la más trágica y trascendental contienda que ha presenciado la Humanidad. Y comprendiendo, sintiendo todo lo formidable de la hora —decisiva para Francia, decisiva para el mundo— nosotros estábamos allí charlando tranquilamente, plácidamente, como si no sucediera nada.

Madrid, 24 de noviembre de 1918.

*Madrid, sentimental.*

Las fondas.

¡Qué grato es llegar de noche a una ciudad y meterse en el cuartito de un hotel! A una ciudad desconocida. Si no estamos en una estación de término, el tren, mientras nosotros nos alejamos hacia la ciudad, se alejará también por la campiña obscura; la fila de sus ventanillas iluminadas se pierde, por fin, en las tinieblas.

¿Es media noche, o son las horas frías de la madrugada? En un ómnibus vamos corriendo hacia la ciudad; pasamos por muchas calles que no podemos imaginarnos cómo son. Llegamos al hotel; en la pared hay un cartel de toros y otro de teatro. Subimos, recorremos varios pasillos, y entramos en la habitación para nosotros destinada. Ya estamos solos. ¿Cómo será esta ciudad? ¿En qué lugar estará situado este hotel? Los hoteles merecen ser estudiados detenidamente. No podemos hablar de los de Madrid concretamente, con sus nombres diversos y exactos. Nuestra tarea no es ni la de hacer reclamos a los fondistas y hoteleros, ni la de arrojar el desprestigio sobre ninguno de los establecimientos hospederiles de la Corte. Pero hablar genéricamente de hoteles es hablar de los hoteles de todas las ciudades.

Hoteleros: lo primero que debéis procurar es tener una cosa esencial, esencialísima, en vuestros hoteles...

—¿Qué cosa es esa, señor cronista?

—Esa cosa, tan necesaria y trascendental, es... el silencio.

Se hace un hotel nuevo; se construye con planos adecuados; se compran muebles elegantes y cómodos; se procura que la cocina la rija un excelente, peritísimo maestro; se allega un personal de servidumbre solícito y amable... Todo, todo está previsto; en todo se piensa;

para todo hay cuidado..., menos para el silencio. En los hoteles buenos de Londres, detrás de las puertas hay unos pequeños hitos de goma, a fin de que las puertas se detengan en ellos y no choquen ruidosamente con la pared al ser abiertas con ímpetu. En los hoteles de Londres, los timbres que hay en los pasillos, y que son utilizados constantemente, tienen un son apagado, sordo, de madera más que de metal. (En realidad, los timbres deben suprimirse; el teléfono puede sustituírlos). Pero en España no entramos en esas delicadezas, no las comprendemos. No hace mucho, precisamente, se han publicado en una revista francesa unas cartas inéditas de Beaumarchais. Esas cartas están escritas desde España; Beaumarchais estuvo en España con motivo de un complicado asunto, del que él —con donosura sin par— habla en sus *Memorias*. Una de las cartas citadas está fechada en La Granja, y en ella, después de quejarse de las mil molestias de su alojamiento, escribe: *Mais ici on n'est pas délicat sur ces*

9

*sortes de malaises*. No; no reparamos en estas cosas, en los innumerables pequeños engorros, ruidos, olores y desarreglos de los hoteles. Aun en los más lujosos es visible el desorden y la despreocupación. Hace poco nos hallábamos en uno de los más lindos y cómodos hoteles de San Sebastián; estábamos en el salón central de la casa, y durante una hora estuvimos oyendo el son de un piano... que también se oía de muchas de las habitaciones del hotel.

Hoteleros: procurad a toda costa el silencio. Nada de timbres ruidosos, ni de carreras de los criados por los pasillos, ni de charlas durante la noche en los corredores, ni de estrépito de vajilla, ni de pianos, ni de portazos violentos. Procurad la limpieza; todo blanco, sencillo y limpio. Nada de pesados cortinajes; nada de muebles complicados y ridículos. Haced que los criados sean diligentes y dóciles; lo más desagradable en un hotel (y en todas partes) es confiar en un encargo que se ha dado a un servidor... y que no sea hecho.

Estamos en el cuartito de la fonda, de noche. No conocemos la ciudad. ¿Hacia adónde caerá este hotel? ¿Adónde darán las ventanas de este cuartito? Cuando nos levantamos por la mañana —¡oh alegría!— abrimos las maderas y vemos un reducido y solitario jardín, o la perspectiva de una montaña, o la lontananza del mar. El hotel tiene un ancho vestíbulo, donde podemos reposar en cómodos y ligeros sillones. Hay periódicos y revistas que no son atrasados; no suenan pianos; no suenan timbres; no discuten los servidores.

# Los pirantes.

Nadie mejor que un parlamentario —como lo es el autor de estas líneas— puede dedicar unos párrafos al estudio metódico y científico de los pirantes; íntimas analogías tienen los pirantes con los parlamentarios; a ratos —muchos ratos—, casi son unos y otros una misma cosa... «Pero, bien —dirá, seguramente, el lector al llegar a este punto—; pero, bien, ¿qué son los pirantes? ¿Qué es lo que se quiere designar con *eso* de los pirantes?» Amable lector, lector *cándido o purpúreo*, como decía Quevedo, los pirantes son los que, comúnmente, llamamos golfos. Pero la palabra golfo va encerrando ya un cierto desprestigio; se denominan con ella determinados elementos, ajenos por completo a los moradores de las calles y de

los suburbios; por lo tanto, para evitar confu-
siones (recuérdese lo que arriba decimos de los
parlamentarios), se ha comenzado a usar este
otro vocablo, alto, sonoro y significativo. En
adelante, todo observador y todo psicólogo
que ame la precisión —la precisión metódica
y científica—, a los antiguos golfos habrá de
denominarlos pirantes.

Expliquemos ligeramente toda la trascen-
dencia del nuevo vocablo; es decir, el vocablo
no es nuevo, es casi popular; mas el otro es
más extenso y conocido que éste.

*Ir de pira* significa dedicar unas horas (o
unos días o unas semanas) a un devaneo más
o menos ostensible y ruidoso. Hay piras en la
Bombilla, en los Cuatro Caminos, en la Fuente
de la Teja; hay piras que consisten en tomar
un cochecito y andar de bebedero en bebedero
hasta la madrugada; hay, finalmente, piras humildes, modestísimos, que se reducen a una entrada de cine y a un vaso de café en un *tupi*.

En general, la palabra pira va asociada al he-

cho de sentirse por un momento (o unos días o
unas semanas) libres de la necesidad angustio-
sa y de las prácticas sociales. Quien va de pira
es un pirante; quien pone sus anhelos, sus as-
piraciones, su ideal en la pira, es un excelso,
insigne, entusiasta pirante. Ahora poned en el
centro del todo social, en el núcleo de una
aglomeración humana, en los enredijos y reco-
vecos de una gran ciudad, unos seres que, en
plena actividad industrial, fabril, literaria, pe-
riodística, política de sus conciudadanos, pien-
san constantemente en vivir ajenos a todo víncu-
lo social, horros de todo convencionalismo
ético y estético, libres como los pájaros, sin
relación ninguna con los Bancos, los cupones,
la renta y los predios rústicos o urbanos; ima-
ginad unos seres así y además con el ideal supremo de la pira, y el hecho, si sois observado-
res, os parecerá sumamente interesante.

La nueva denominación de pirantes viene a
corregir y rectificar algunos prejuicios y erro-
res que llevaba consigo el vocablo de golfos.

Como la pira es expansión, alegría, jolgorio,
independencia, libertad, indiferencia a lo sancionado y secular, todo lo que haga relación a
ella y se cubra con esa palabra tendrá un cierto carácter de simpatía. Los verdaderos pirantes son los más humildes. Van constantemente
por las calles, generalmente en grupos de tres
o cuatro. Su indumentaria es la misma en
invierno y en verano; en invierno, su único
abrigo es llevar las manos en los sobacos. Muchos de ellos van descalzos; por las mañanas
frías, terribles, forman un círculo alrededor de
los tostaderos de café. Por las noches, a las al-
tas horas, en tanto que lucen blancamente los
grandes arcos voltaicos, se acurrucan en los
huecos terreros de las ventanas de un caserón.
Son inseparables del asfalto; han visto todos los
espectáculos populares: el entierro de un per-
sonaje, el paso de una comitiva diplomática, el
regreso de unas tropas, las manifestaciones del
Primero de Mayo, las algaradas estudiantiles.
El polo opuesto de un pirante es un meleno

del pueblo que se admira de todo, y que, infaliblemente, encuentra al volver de una esquina (allá por la calle de Postas y la Plaza Mayor) *unos parientes* a quien él no conocía, y que desean hacerle *un favor*. El pirante no se admira de nada: ha visto a la puerta del Congreso o de los Ministerios bajar de sus coches a los más célebres oradores; él mismo les ha abierto muchas veces la portezuela. El pirante practica a Nietzsche sin haberlo leído; está *por encima del bien y del mal*, y es *humano, demasiado humano*.

Es agudo y generoso; de sus cerebros salen esas frases —apelativos, motes, elipsis— que corren luego por todo Madrid y llegan hasta las páginas solemnes del *Diario de las Sesiones*. El pirante es algo literato: ve a través del cristal tomar café a un cronista famoso, y repite luego su nombre, voceándolo, cuando aparece un periódico nuevo con algún trabajo de ese escritor. ¿Qué sabemos dónde puede llegar el pirante? Otro pirante, dentro de veinte o trein-

ta años, le abrirá a él la portezuela del coche,
como él la abrió antaño. ¿Y qué sabemos dónde
pueden llegar *las* pirantes, estas muchachas vi-
vas, inteligentes, que llevan un ramo de nardos
o unos billetes de lotería?

Pirantes, pirantes, seres que no tenéis nada
y que vivís libres: sois inseparables de los as-
faltos ciudadanos, y en vosotros está latente,
acaso para que estalle mañana, el horror trági-
co de un crimen, la grandilocuencia de un gran
orador demócrata... o la impulsividad despóti-
ca que ha de olvidarse —infaustamente— de
su origen popular, libre y generoso.

# La calle de Alcalá.

L<small>A</small> calle de Alcalá... Vamos a hablar en serio de la calle de Alcalá; en serio, poniendo en estas líneas toda la gravedad de un sociólogo o de un escritor de psicología social. Entremos en materia. Antetodo, haremos una afirmación que va a sorprender a los lectores no madrileños (y a muchos madrileños). He aquí nuestro descubrimiento: la calle de Alcalá no se sabe la extensión que abarca. Cuando en 1831 publicó Mesonero Romanos la primeedición —creemos que esa es la primera— de su *Manual de Madrid*, la calle de Alcalá, según el callejero que en ese libro figura, comenzaba en la Puerta del Sol y terminaba en la Puerta de Alcalá. (Es decir, que era una calle *cogida entre dos puertas.*) Como ve el lector, la calle de Alcalá no era muy extensa; pero lo raro del caso es que hoy, al cabo de cerca de un siglo, dicha calle es más corta que antes. Expliquemos todo este logogrifo. Las calles pueden ser consideradas topográfica y socialmente. Topográficamente, una calle puede ser muy larga; socialmente, aunque en el otro sentido sea extensa, puede ser muy corta. Ahora bien: aquí tenemos ante nuestra consideración, para nuestro estudio, la vía más importante de Madrid. Topográficamente, la tal vía es harto larga; pero socialmente, ¿dónde empieza y dónde acaba la calle de Alcalá? ¿Qué extensión, más o menos larga, de dicha vía podemos considerar que es la verdadera, genuina, castiza calle de Alcalá?

Precisemos más el problema: ¿empieza, realmente, en la Puerta del Sol la calle de Alcalá? Cuando un noctámbulo, una dama elegante, un parlamentario, un provinciano distinguido dicen: *He paseado por la calle de Alcalá*, ¿qué es lo que quieren dar a entender con esto? ¿Cuál es la calle de Alcalá para todas estas selectas personalidades? Examinando objetivamente el problema, vemos que la extensión de la famosa vía es muy limitada. Una dama elegante, por ejemplo, acaso pueda decir que ha paseado por la calle de Alcalá cuando ha paseado por el trozo de la Equitativa (si es por la acera de enfrente, la del Ministerio de Hacienda, el hecho es mucho más anodino). Pero ni esa dama, ni un periodista brillante, ni un autor dramático, ni un orador parlamentario dicen plenamente, a satisfacción, con toda conciencia, que han paseado por la calle de Alcalá sino cuando han devaneado por el cortísimo trozo que va desde la calle de Sevilla hasta la de Cedaceros. Y esos pocos metros, lectores míos, es la verdadera y auténtica calle de Alcalá; la calle de Alcalá social y no topográficamente considerada.

En ese breve trecho se desarrolla lo más intenso de la vida madrileña; ahí hay dos o tres cafés cuyas aceras representan lo que antaño —en 1860— representaba en París el célebre *perron de Tortoni*; ahí, por las tardes, al ano-

checer, vemos entrar y salir a un saloncito bellas y elegantes mujeres que van a tomar un
refrigerio. (Entre paréntisis: cuando en la primavera y en el verano entran a las siete o las
ocho en ese saloncito estas damas madrileñas,
podemos preguntar: ¿a qué hora cenarán?) Ahí,
en ese corto espacio, se dan cita cuantos de
provincias vienen para llevarse una vara de al-
calde o simplemente —*simplemente*— para con-
ferenciar con *el diputado*. Por ahí, en invierno,
a las doce, discurren algunos viejos parlamentarios y se charla de lo que ha ocurrido el día
anterior y de lo que podrá ocurrir *esta tarde*...
En los radiantes días claros madrileños, el cielo
se extiende con un límpido y soberbio azul.
Allá abajo está la Cibeles —tan bella fuente—,
cantada por Florentino Sanz y por Enrique
Díez-Canedo. En días de fastuosas solemnida-
des, de desfiles regios y militares, la mancha
fosca de las multitudes civiles encuadra los co-
lorines vistosos de las tropas. (Suenan los tam-
bores; cantan las cornetas.) Durante la estación

invernal, a prima noche, el momento marca
todo el sabor de la vida madrileña. Discurren
viejos tipos de españoles; pasan lindos ejem-
plares de muchachas de España —retratadas
por Velázquez, por Zurbarán, por Goya—; muchachas esbeltas, un poco inclinadas hacia adelante, la cara tersa en óvalo, sin redondeces ni
carnosidades; los ojos luminosos, llameantes,
luciendo en un círculo de sombra; rápidas, ner-
viosas, un poco violentas. ¡Oh Gautier, en esta
misma acera tú viste pasar estas mujeres finas
y enérgicas de España, que Musset cantó también —maravillosamente—, pero no vió!

# Los libreros de viejo.

Q<small>UE</small> *haga frío o que haga calor, el librero de viejo está siempre en su puestecillo.* (Salvo en algunas ocasiones.) Se presta a escribir y meditar mucho el comercio de los libros de viejo. Se impone, antetodo, una clasificación. Cuando estudiábamos en las Universidades —porque recorrimos varias— las graves materias del Derecho, recordamos que siempre, indefectiblemente, los profesores, todos los profesores, al comenzar el estudio de la asignatura, nos decían que era preciso tener en cuenta el *concepto*, el *plan* y el *método*. (Luego no había ni concepto, ni plan, ni método.) No podían faltar nunca esas tres cosas: y tan importantes eran, que, comenzando el curso en octubre, todavía en enero o febrero estábamos en

el concepto, en el plan y en el método. (Porque
después venía la rama del concepto, la rama del
plan, etc., etc.) Pues bien: al hablar de los bara-
tillos de libros usados podríamos también
hacer lo que hacen los profesores de Derecho;
pero, ¡claro!, no lo hacemos. Nos contentamos
con una simple clasificación.

La clasificación es la siguiente: tiendas for-
males y acreditadas de libros viejos; tiendecillas ocasionales, o de poca enjundia; puestecillos al aire libre, expuestos al sol y a los vientos. Las primeras tiendas son solemnes y graves; son, poco más o menos, como los comer-
cios de volúmenes nuevos; los precios no suelen
ser económicos; un volumen francés de tres
francos cincuenta céntimos no lo dan en menos
de dos pesetas, cosa verdaderamente absurda.
Además, en estas tiendas —y esto es lo gra-
ve— no se puede entrar a curiosear. Y este es
el mayor inconveniente, la mayor rémora del
comercio de libros en España: un desconocido,
un transeunte, no puede penetrar en una libre-

ría *para ver lo que hay*, sin propósito de comprar. (El deseo de comprar, queridos libreros, surge luego, a la vista de los libros. El deseo es posterior a la entrada en la tienda, y vosotros queréis que sea anterior. Aquí está todo el problema.)

Las segundas tiendecillas de libros viejos —las de poco fuste— ya son más simpáticas y abordables. Un poco más abordables, pero no del todo. Generalmente, estos libreros no tienen, como los anteriores, pretensiones de bibliófilos; en sus tiendecillas todo anda revuelto. (En las anteriores también anda todo revuelto, pero los libreros creen que está todo ordenado.) Estos libreros toman los volúmenes como una mercadería cualquiera; muchos de ellos son afables y complacientes. Se puede entrar en sus tiendecillas y curiosear durante un rato. Después de estas tiendas vienen los puestos establecidos en pleno aire.

*Que haga frío o que haga calor, el librero de viejo está siempre en su puestecillo.* (Salvo en al-

gunas ocasiones.) Dejadnos que entonemos los
loores de estos bravos que en invierno dan pa-
taditas sobre el suelo helado y en verano sienten chamuscadas sus testas por el sol. Todo el
mundo, viejos, mujeres, niños, soldados, frego-
nas que pasan, pueden tomar, hojear, manosear
los volúmenes de estos puestecillos. La in-
vestigación es libre. El librero, señores, tiene
mucho gusto en que examinéis sus libros.
«¡Adelante todos, vayan pasando!» Estos hé-
roes de la cultura popular saben que el incenti-
vo para comprar el libro es el libro mismo. El
problema de psicología en que los grandes libreros se atascan —¡con detrimento de sus cajas!—, estos intrépidos hombres lo han resuel-
to. Cantemos su generosidad y su intrepidez.
Aquí, en estos puestecillos, encontramos volúmenes que nos deleitan más que los sabios
tomos que las Academias estampan en papel de
hilo. Aquí hay libros absurdos, olvidados
(como los *Aforismos de Hipócrates*, puestos en
verso por Lucas Alemán), libros que nadie lee

ni conoce, pero que tienen un encanto profundo.

¡Loor a estos bravos libreros de viejo! *Que
haga frío o que haga calor, el librero de viejo
está siempre en su puestecillo.* (Salvo en algunas
ocasiones.)

# El Salón de Conferencias.

¿Qué es lo que puede —y debe— ser considerado como el Salón de Conferencias? Cuando se alude en los periódicos a las discusiones sostenidas en el Salón de Conferencias, ¿debemos entender con esto lo que se ha charlado únicamente dentro de las cuatro paredes de tal ámbito? Evidentemente que no. Lo principal en el Salón de Conferencias es... el Salón de Conferencias; pero esa sala tiene ramificaciones de suma importancia; o, mejor dicho, cuando se alude a tal salón, quedan comprendidos en la alusión, o en la referencia, tanto los pasillos de la Cámara como los escritorios, como el cafetín o alojería. Se habla alguna vez, de cuando en cuando, de los pasillos o del café; pero lo corriente —y también lo correcto— es mencionar sencillamente el Salón de Conferencias. Seremos más exactos; un observador *objetivo* de la realidad debe serlo; a ese grado de certidumbre *científica* aspiramos nosotros. Seremos exactos, completamente exactos: del Salón de Conferencias se habla siempre, en todo momento, incluso en pleno verano, cuando no aportamos por él sino don Juan del Nido Segalerva, el autor de estas líneas y algún visitante descarriado. De los pasillos sólo se habla cuando la Cámara se halla abierta. Respecto a los pasillos es preciso hacer una distinción: una cosa es el central, otra el circular y otra el del despacho de los ministros. (Los demás no tienen verdadera significación.) En el pasillo central, las cosas no revisten aspecto especial; van y vienen por él diputados y periodistas de todos los matices; a un extremo, sin embargo, se apelotonan los republicanos; al extremo opuesto, los monárquicos (conservadores o liberales especialmente, según gobiernen unos u otros).

Pero el hecho capital es que tal corredor,

recto y claro, rara vez da lugar a momentá-
neas fusiones, o a clandestinas y fugitivas con-
comitancias que el informador pueda sorprender. El pasillo circular es lóbrego, tenebroso;
no se aventuran por él los provincianos y la
gente ingrávida y volandera. Aquí, de cuando
en cuando, al pasar, se observan misteriosas y
enigmáticas conferencias; dos o tres parlamentarios, de los más opuestos pelajes, charlan si-
gilosamente en un recodo. Aquí se fraguan las
inesperadas y peligrosas proposiciones inciden-
tales, o bien —fijaos, provincianos ilusos—, o
bien se conviene en que el paladín que esta
tarde ha de atacar ruidosamente, según anun-
cian los periódicos, no lo haga de manera tan
terrible, o diga tales o cuáles cosas, que pueden ilusionar un momento, pero que en el fondo ni hacen daño al adversario —que ya está
enterado de ello— ni tienen importancia ninguna.

El Salón de Conferencias ha venido a susti-
tuir en estos últimos años al Salón de Sesiones.

Todo el Congreso es el Salón de Conferencias.
Estamos realizando uno de los extremos más
importantes del programa de don Joaquín Costa y de Macías Picavea. Que estuviera cerrado
el Parlamento durante diez años pedían estos
ilustres españoles. ¿De qué nos vamos a quejar
cuantos anhelamos la reconstrucción (mejor la
*construcción*) de España? El Salón de Conferencias varía en su aspecto, según sea la hora del
día, es decir, de la tarde. En días de crisis, la
afluencia, tumulto y efervescencia es enorme;
a las seis de la tarde, la concurrencia llega a su
colmo. Periodistas, diputados, senadores, gentes aficionadas a la política, ex gobernadores
civiles..., todos charlan, discuten, vocean, ges-
ticulan, en el pasillo central y en el Salón. Mas
el Salón cuando hay que estudiarlo es en su
época normal. Entre sus visitantes los hay
volanderos y ocasionales; y los hay esenciales,
permanentes, fundamentales. El decano de todos los habituales concurrentes al Salón es
nuestro querido amigo el citado don Juan del

Nido. Varias son las tertulias que en él o en sus aledaños se forman. En el cafetín, conocidísima es por su prestigio y antigüedad la que preside el dilecto y admirado doctor Maestre. En los días de revuelo y de animación política, los periódicos —singularmente *El Imparcial*— suelen hablar de lo que decían las *cornejas*. Las cornejas, lector, esas aves siniestras y malagoreras, son ni más ni menos que los inocentes y anhelantes tertulianos de este corro de amigos.

Discursos, discursos, dicursos; comentarios de discursos; comentarios de comentarios de discursos. Hombres políticos, parlamentarios, cronistas, periodistas, cornejas, gentes que van y vienen por los pasillos y por el Salón de Conferencias: ¡cuándo grabaremos en nuestro espíritu, bien hondo, indeleblemente, estas dos palabras: *ciencia, trabajo*?

En el Retiro.

Los jardines y las estatuas de una gran ciudad nos dan idea, a primera vista, del estado de un pueblo: de su cultura, de su buen gusto, de su amor a las bellas cosas. En Madrid hay algunos hermosos parques y jardines: el Retiro, el Botánico, el Parque del Oeste, la Moncloa. De monumentos escultóricos no andamos tan bien (pero existen fuentes muy lindas, como alguna del Retiro, la Cibeles y la de las Cuatro Estaciones, en el Prado, entre la fronda de los plátanos pomposos, con su viejecito, el Invierno, que se calienta las manos en un braserico, y que tantos millares de niños habrá visto jugar, reír, devanear..., y desaparecer). Una excepción entre los monumentos es el levantado en el Parque del Oeste, sobre el

fondo verde de la arboleda y con la lejanía azul
y blanca del Guadarrama en la lontananza, al
doctor Federico Rubio. (Pero, ¿por qué en este
bello monumento —mármol y bronce— se da
la incongruencia psicológica de que, mientras
el niño, aúpado por la madre, ofrece unas flores al doctor, éste mira a lo lejos, indiferente,
desdeñoso, a la delicada ofrenda que se le está
haciendo?) Los jardines de Madrid ofrecen cada
uno su característica especial: nada más distin-
to del Retiro que la Moncloa, ni nada más
opuesto al Parque del Oeste que el Botánico.
Hablemos del Retiro. Dediquemos, sin embargo, antes de hacerlo, un recuerdo a los pequeños jardines interiores, recoletos, de los cuales
no vemos sino —desde una azotea— las cimas
puntiagudas de unos cipreses; cipreses que
acaso sean trágicos e históricos, cipreses que
tal vez rememoren unas muertes heroicas
en 1808.

El Retiro cambia según las estaciones; la observación está al alcance de todo el mundo; ahí

están los árboles para atestiguarlo. Menos vulgar es que este parque se muda y transforma a cada hora del día. Los visitantes son también diversos. En el Retiro existen distintas regiones que ofrecen aspectos peculiares. Quien gusta de pasear por el ancho vial de coches, no es el mismo que devanea por la hondonada que domina el Palacio de Cristal. Los amantes lo saben. Hay visitantes en el Retiro que cruzan rápidamente por él a una hora elegante y mundana (las cuatro de la tarde en invierno); hay otros que no van a pasear, sino a sentarse y leer; otros, finalmente —los taciturnos, los angustiados por algún íntimo pesar, los trágicos—; otros, repetimos, que permanecen en un banco, absortos, meditativos. Estos son los que en los respaldos de los bancos graban inscripciones amatorias, fechas y nombres, augurios aterradores. En las mañanas del verano, cuando Madrid ha quedado casi desierto, entrando al Retiro por la puerta de la Independencia, en las alamedas de la derecha, veréis

constantemente los mismos visitantes; todos
los días van a la misma hora y están el mismo
tiempo. Son unas niñeras, o una madre con sus
niños, débiles y pálidos; la madre se sienta en
un banco, y comienza a leer un periódico, o a
urdir alguna labor casera. En tanto, los niños
*se esfuerzan en jugar;* se mueven de una parte
a otra de un modo lento y melancólico; tienen
gritos y exclamaciones vagas, que expiran sin
fuerza apenas salen de la boca. Estos niños de-
berían estar en una playa o en una montaña,
en vez de estar en estos jardines a estas horas;
todos, casi todos los demás niños que visten
como éstos, se han marchado ya lejos de Madrid, y en estos momentos retozan entre las
fragosidades montañesas, o corren, huyendo de
las olas, por las playas doradas. Y estos niños,
pálidos, exangües, que llevan en sus nervios
—inexorable fatalidad— el cansancio de tres
generaciones, no tienen más playa y más montañas que estas alamedas del Retiro. Y nos
imaginamos a un médico recomendando el mar

o la montaña, y a esta madre, que aquí se halla sentada, escuchando —¡con cuánto dolor íntimo!— esta recomendación del doctor....

Son las once de la mañana; el cielo está límpido, y el profundo silencio sólo es turbado, de cuando en cuando, por el campanilleo lejano de un tranvía. La alameda está desierta; el sol vívido que se cuela por los resquicios de la fronda pone en el suelo fulgentes notas blancas. Todo recto, todo luz y sombra, todo silencio, todo verde en las hojas y negrura en los troncos, el vial de viejos olmos se pierde a lo lejos en una lontananza que nos recuerda el cuadro de un pintor.

*Las estaciones.*

Hemos contado alguna vez que una de las cosas que más impresión nos hacían cuando éramos niños, era ver comer a un señor en una estación. Impresión formada por admiración, acaso por envidia, y, desde luego, por un sentimiento de ensueño y de misterio. Siendo niños, viajamos nosotros poco; si alguna vez comíamos en el tren, lo hacíamos del doméstico viático, que llevábamos en una cesta. Pero acaso un señor que venía en el mismo coche, al llegar a una estación, bajaba ligeramente, entraba en la fonda y se ponía a comer con ademanes y gestos de completa tranquilidad. ¡Cómo le seguíamos nosotros con esas miradas largas con que los niños contemplan lo que les fascina! Este señor, indudablemente, iba muy

.cjos; su viaje debía de ser muy largo. Además,
él tenía un supremo desdén por estos manjares
domésticos que en las casas preparan y se llevan en los viajes; todo esto, por nosotros tan
preciado, era para él nada. En la ligereza con
que bajaba del tren para entrar en la fonda, y
en el gesto de desembarazo con que comía,
había una alta indiferencia hacia todas estas
viandas prosaicas y vernáculas. Finalmente,
mientras nosotros íbamos a un pueblo cercano,
al remate del viaje de este señor, allá muy lejos, debía de haber, había seguramente, una
ciudad espléndida y bulliciosa, henchida de
placeres y de misterios.

¡Ay! Los años, muchos años vinieron luego,
y con los años, las decepciones de la vida.
Enorme decepción fué esta de comer en las
fondas de las estaciones; muchas veces comi-
mos en ellas, y siempre estas comidas —ya po-
déis suponerlo— dejaron una sensación desagradable en nuestro espíritu. ¿En nuestro espíritu? También en nuestro cuerpo. Hicimos

más: cuando niños, no conocíamos los restau-
rantes en los trenes. De conocerlos; hubiéramos
experimentado un profundo estupor. Después,
ya en la edad madura, hemos yantado multitud
de veces en estos comedores ambulantes, y
también en ellos —¡terrible cosa!— hemos experimentado la decepción indefinible, desga-
rradora, que experimentábamos en las fondas
de las estaciones. Las glorias del mundo son
vanas y efímeras; como estos deseos de mucha-
cho, son, en grande, sublimados otros anhelos
y ansias de los hombres. Pero nunca, a lo largo
de nuestra vida, hemos dejado de sentir el encanto de los caminos de hierro, de los trenes,
de las locomotoras, de las estaciones.

Las estaciones de Madrid tienen, cada una,
su atractivo especial. Ahí están la del Norte, la
del Mediodía, la de las Delicias, la de Arganda,
la de Goya. (Goya, tú, que desde Burdeos,
en 1825, ya viejecito y cascarrabias, querías
venir a Madrid, según nos cuenta Moratín, «en
una mula zaina, con estribos de nogal, bota y

alforjas»; Goya, tú tienes ahora en Madrid nada menos que una estacioncita.) ¿Quién de vosotros, ancianos, recuerda los primitivos ferrocarriles, las primitivas estaciones? Ya las modernas, enormes y velocísimas locomotoras Compound, han sustituído a las angostas y pequeñas antiguas máquinas. Las guías, antes tan sencillas, se han convertido en una especie de confusas tablas de logaritmos, y eso que no hemos llegado aún al laberinto inextricable de los *indicadores* franceses. ¿Recuerda alguien la *Guía* explicativa de las líneas del Norte escrita por don Melchor Ordóñez? ¿Y la que en 1858 se hizo de la línea del Mediodía? («Imprenta de J. Casas y Díaz, calle del Lobo, número 12, principal».) El año anterior, Campoamor era gobernador de Alicante, e hizo una reseña —que figura en el libro *Polémicas*— del estreno de aquella estación. ¡Cómo pinta el poeta a dos locomotoras saludándose y haciéndose reverencias, como si se tratara de dos figuras de cotillón!

Estaciones ruidosas, estaciones diminutas; estación de Norte, estación de Arganda; estación en que entran y salen grandes expresos; estación con pequeños y lentos trenes: de todos los viajeros que pasan por vosotras, señores, obreros, literatos, príncipes, guerreros, oradores, poetas, industriales; de todos los viajeros que llevan o traen dolores o alegrías, esperanzas o decepciones; de todos los viajeros, a quienes nuestra más viva y cordial dilección prefiere son... ¿No los habéis visto? Son unas buenas y sencillas mujeres de pueblo; van vestidas todavía con los zagalejos y refajos de espléndidos colores primarios; llevan cestas, cajas, baulitos, fardeles, jaulas, litografías en sus marcos, cacharros de loza; son silenciosas y lentas; son más desconfiadas, recelosas y prudentes que este labriego que viene entre ellas y que se entrega cándidamente a un desconocido paisano que surge en la calle de Postas o en la Plaza Mayor.

*El Rastro.*

EL Rastro se presta a múltiples considera-
ciones; difícilmente se encontrará en Madrid un lugar más filosófico. (No comenzamos
livianamente estas líneas; continuemos.) Un
observador vulgar derivaría sus reflexiones hacia el aspecto ético moral de este espectáculo.
«El Rastro —diría— es una imagen de lo que
son las pompas y vanidades mundanas. Como
estos cachivaches son los honores, las glorias,
los placeres humanos. Vivieron un día; hoy son
nada». No echaremos nosotros por este camino; entre otras razones, porque esto de juzgar
caducos y baladíes los trastos y cachivaches
del Rastro es a manera de un agravio que no
queremos hacer a los buenos mercaderes de la
Rivera de Curtidores. ¡Caducos los trastos del

Rastro! Hasta cierto punto, señores míos. Todo
tiene en el mundo su palingenesia... o su palin-
tocia; es decir, todo se renueva o todo tiene un
segundo nacimiento. Muchas cosas contempla-
mos en este mercado popular de Madrid, que
luego veremos —acaso sin reconocerlas— en
otros más ensalzados lugares. Las ideas mismas, lo más sutil e impalpable que existe, viejas de cien siglos algunas, nos parecen nuevas,
flamantes, cuando un artista les da unos reto-
ques con su maestría de taumaturgo. ¿Por qué
queréis, hombres irreverentes y desconsidera-
dos, arrojar el desprestigio sobre el Rastro?
¿No veis que estáis socavando una de las más
legítimas y castizas de nuestras tradiciones?
¿Qué habréis ganado cuando, a impulsos de
este ímpetu destructor que conmueve las so-
ciedades modernas, desaparezca también esta
institución venerable y secular?

Más que el aspecto ético del Rastro nos in-
teresa el psicológico. ¡Oh muebles viejos y res-
petables! ¡Oh mil diversos trebejos y apatus-

cos! Vosotros habéis sido los compañeros, los amigos, los confidentes de hombres y mujeres que habrán desaparecido en las lejanías de lo pretérito. Vosotros habréis visto las alegrías y los pesares, los anhelos y las desesperanzas de generaciones que han puesto, anteriormente a nosotros, un escalón, un peldaño para que la Humanidad siga su marcha ascensional hacia una meta —lejana, indefinida— de justicia y de bienestar. Unos de entre vosotros han figurado en hogares humildes, prosaicos; otros han pasado por mansiones suntuosas. Aquí, este diván de damasco blanco con fajas verdes nos habla de una época romántica y absurda. ¿Qué historias, qué novelas, qué poemas imaginaremos al posar nuestra mirada en el asiento muelle —ya ajado— de este sofá? Hubo un tiempo en que vibraba la música de Rossini; en que Ros de Olano escribía novelas extravagantes, incomprensibles, como *El doctor Lañuela;* en que Villamil pintaba unos interiores fantásticos de catedrales; en que se iba al

Prado —y a otras partes, a todas— con un es-
trecho pantalón gris, estirado por la trabilla; en
que sonaba sobre el pavimento de los ministerios una espada terrible: la de Narváez; en que
había un restaurante que se llamaba *Los Cisnes*
(¿eran los manteles blancos como los cisnes?),
y otro, Genéis; en que a los balcones de un caserón de la plaza del Angel se asomaba la más
bonita, la más esbelta de todas las españolas,
Eugenia Montijo, hoy, al cabo de tanto tiempo
—es natural—, una viejecita vestida de luto y
que vive muy lejos de su patria...

Todas las mañanas andan y sudan por Madrid unos hombres infatigables que llevan al
hombro unos saquitos de lienzo. De cuando en
cuando se paran y lanzan un grito; también
gritan sin pararse. (Entre todos estos hombres
hay uno cuyo grito, indefinible, de un encanto
particular, es como una melopea de almuédano
en su alminar.) A la una de la tarde no encon-
traréis ninguno de estos hombres por la calle;
todos, como obedeciendo a un protocolo in-

violable, han desaparecido. Su misión en las
calles de la corte termina con el filo del día.
Estos hombres son los hierofantes de este tem-
plo secular que se llama el Rastro: son a la par
servidores del dios Tiempo. El Tiempo es el
dios del Rastro. Estos sus sacerdotes recorren
las calles de Madrid y se llevan hacia allá abajo
todos los trastos y objetos en que el Tiempo
ha marcado su huella. Saludémoslos reverente-
mente; testimoniemos nuestro respeto a estos
cultores de una divinidad dulce e implacable.
Desde lo alto de la Cabecera del Rastro se extiende en la lejanía, ante nuestra vista, el paisaje fino e infinito de Castilla. ¡Qué delicadeza
en los colores y qué transparencia en el aire!
El verde de los sembrados y el gris de la tierra
se suceden interminablemente en la rotación
de las estaciones. Y todos los años, a lo largo
de nuestra efímera vida, vemos —¡oh tiempo!— este alternarse inacabable de los dos colores.

# Los poetas.

.

¿Dónde está, en el formidable montón de mansiones de la gran ciudad; dónde está aquel cuartito modesto, pobre, en que, henchidos de entusiasmo, hemos escrito las cuartillas del primer libro? ¿En qué calle estaba? ¿Qué se ha hecho de aquella casa? ¿Quién vivirá en aquel cuartito ahora? ¿Y la mañana —o la tarde— en que entrábamos por primera vez en la gran ciudad, a luchar, a conquistar un nombre? En las lejanías de lo pretérito están aquella mañana o aquella tarde; en las lejanías de lo pretérito se van perdiendo, desvaneciendo, esfumando, las horas de nuestra mocedad...

Poetas: un cuartito desnudo, sereno, mísero. Una mesa llena, atiborrada de libros. Libros sobre las sillas, en el suelo, entre las ropas. Libros de poetas y de filósofos. La estancia no

tiene mas que una ventanilla. La abrimos; por
ella entra un raudal del luz. El panorama que
se divisa desde aquí es un panorama de tejados: tejados anchos, tejados angostos, tejados
cuadrados, tejados alargados. Una azotea; una
torre lejana que se perfila en el azul. Acaso la
cima de unos cipreses; unos cipreses que salen
de lo hondo —tal vez de un huertecillo conven-
tual— y suben hasta dominar la multitud de
las techumbres. En las horas primeras de la
mañana, el aire está límpido, transparente; llegan los sones rítmicos y lejanos de una campana; unas palomas cruzan raudas por el azul.
Allá, en una ventanita, han florecido unos
claveles durante todo el invierno, tras los
cristales, (¡oh Murger!), hemos visto moverse y
removerse unas sombras; por las noches, un débil resplandor nos anunciaba que allí alentaba
el trabajo y el afán. Ahora, dentro de poco, tal
vez esta tarde, tal vez mañana, unas manos
blancas y delicadas cortarán aquellos claveles.
La extensión de las tejados se desenvuelve ante

nuestra vista. Los libros llenan nuestro cuartito. Leemos; absorbemos ávidamente los libros. Escribimos; llenamos afanosamente con nuestra letra rápida, vertiginosa, las cuartillas blancas. Delante de nosotros está la vida. ¡Qué nos importa el dolor, el sufrimiento, la fatiga, la pobreza! Un bello verso, una idea armoniosa, es todo nuestro afán.

Poetas: ya ha quedado atrás nuestro cuartito de allá arriba. ¿Dónde estamos ahora? La muchedumbre nos ha aclamado en el teatro; nuestros libros se hallan en todas las manos; somos populares y somos admirados. ¿Dónde estamos ahora? ¿No tenemos un refugio cómodo? ¿No nos rodean elegantes muebles? ¿No está blanco nuestro mantel, y no reposamos gratamente la vista en un bello cuadro colgado frente a nosotros?

Poetas: la plenitud de la vida es nuestra plenitud en el trabajo y en la belleza. Es para nosotros ésta —como diría Nietzsche— *la hora del mediodía*. No aspiramos a lujos ni a suntuosidades estrepitosas y de mal gusto. Nos basta y nos place un mediano pasar; nos basta con la limpieza, con la holgura y con el silencio. No queremos mas que poder trabajar. No queremos mas que la angustia y el apremio no conturbe nuestro trabajo.

Poetas: ha quedado ya atrás la hora del mediodía; el sol declina; se acerca el crepúsculo. Nuestros afanes, nuestro trabajo, nuestra perseverancia, nuestra sinceridad, nuestra bondad, ¿no han servido para nada? Todo ha pasado como en un sueño. Somos viejos; estamos fatigados; de nuestro espíritu han desaparecido el entusiasmo, la esperanza y el optimismo. Nuestro nombre ha sido olvidado. Con la mano en la mejilla —como Fernando de Rojas y como Cervantes—, meditamos tristemente. Ante nosotros, por la ventana de este cuartito pobre, mísero, se extiende la muchedumbre de los tejados. ¿Dónde está aquel cuartito de nuestra adolescencia? No importa; éste es igual que aquél. Pero, ¿y nosotros?

*Los herbolarios.*

En la calle de... ¿Cómo se llama aquella calle que desemboca en la plazuela de San Millán? (¿Se llama así esta plazuela?) Una callejita que va desde la Cabecera del Rastro hasta la indicada plaza, frente al mercado de la Cebada... Pues bien: llámese como se llame; pues bien: esa es una calle muy corta; hay en ella —a pesar de ser tan breve— dos o tres tabernas; hay también dos o tres pañerías con monigotes vestidos en las puertas y en los escaparates, con el retrato de un torero popular. Todas las mañanas la calle se llena de puestecillos de zabarceros y de vendedores de baratijas. Pasemos indiferentes ante estos modestos mercaderes. Fijémonos tan sólo en un viejecito que pone su puesto en esta calle. Es bajito y va vestido de negro; lleva una gorra y una capa; su faz está amarillenta y sin afeitar de una semana (si es al cabo de la semana que lleva sin afeitar cuando le vemos); no vocea su mercancía, ni se mueve, ni llama a los transeuntes; parece indiferente ante todo, y en su persona tiene un aire de melancolía y de resignación. ¿Y cuál es su mercancía? Acerquémonos a su puestecillo; el puesto es, sencillamente, un tablero; en los días de lluvia lo cubre con un ligero toldo. Sobre la tabla se muestran saquitos de papel y de lienzo con plantas, flores secas, semillas. Este viejecito es un herbolario.

—Herbolario, ¿tiene usted el eléboro?

—Señor transeunte, no tengo el eléboro.

¡Oh herbolario! El eléboro es la planta de la locura; para aquellos remotos antecesores nuestros en el planeta, en la especie, en la civilización, el eléboro era el remedio de la enajenación mental. Pero a nosotros nos place mirar el eléboro de otro modo; lo miramos como lo miraría el gran Erasmo, el autor del *Elogio de la locura*. Dejad que seamos un poco locos; dejad que la exaltación, el entusiasmo, la intrepidez, la temeridad, invadan nuestro cerebro. Dejad que rompamos —al menos por un momento— la monótona regla diaria, el canon sancionado, lo establecido, lo secular, lo oficial. Dejad que seamos libres, espontáneos, impetuosos. Las nubes pasan ligeras; los vientos corren desencadenados.

El viejecito de la calle de... ¿Cómo se llama esa calle? ¿Cómo hemos dicho que se llamaba? El herbolario tiene en su puestecillo los saquitos repletos de plantas montaraces. Aquí están la manzanilla, la salvia, el romero, el cantueso, el tomillo. Las plantas montaraces, silvestres, tienen un atractivo de que carecen las plantas ciudadanas, las recoletas y ordenadas en los huertos y en los jardines. Las plantas montaraces han visto las montañas, los picachos enhiestos, los hondos barrancos, los serenos y misteriosos lagos de las alturas, las blancas inmaculadas nieves.

—Herbolario, ¿tiene usted el beleño?

—Señor transeunte, éste es el beleño.

Pero, ¡oh herbolario!, este beleño no es el
que nosotros quisiéramos; este beleño ador-
mecerá nuestros sentidos; este beleño aplacará
acaso nuestros dolores. Pero cuando desperte-
mos, las mismas angustias, las mismas preocu-
paciones, los mismos anhelos, la misma deses-
peranza, los mismos recuerdos infaustos, volverán a nuestro espíritu. Y lo que nosotros
quisiéramos es un beleño que nos hiciera olvidar para siempre el dolor que traemos con
nosotros. Quisiéramos olvidar y... quisiéramos
acordarnos. Porque, ¿cómo podríamos despren-
dernos de estos recuerdos, que son nuestra tor-
tura, sí, pero también nuestro consuelo? Consuelo, el recuerdo del ser amado que hemos
perdido; consuelo, el recuerdo de la hora feliz
que hemos pasado... El beleño que hiciera este
milagro de hacer olvidar y recordar a un tiempo no está en este puestecillo.

El viejecito de la capa negra y de la faz pálida se halla inmóvil ante sus olorosas hierbas; por la calle desfila, ruidosa, la multitud.

—Herbolario, ¿tiene usted la hierba *pico*?

—Señor transeunte, no tengo ni conozco esa hierba.

¡Oh herbolario! Esa es la más maravillosa de todas las hierbas. Un gran escritor de la España antigua habla de ella. Habla de ella el padre Francisco Victoria, en su libro *Relectiones teologicae* (pág. 453, edición de 1586). «Herba pici hispané, *el pico*, seras etiam ferreas aperit». Es decir, que la hierba pico es la hierba estupenda, prodigiosa, que abre las cerraduras. Aplicándola sobre las cerraduras, aplicándola sobre las cerraduras, al punto ceden éstas. Y nosotros, viejecito de las plantas montaraces y aromáticas, quisiéramos esta hierba para *abrir la puerta a la esperanza.*

*Las calles.*

En las calles hay mucho que observar; las calles son un interesante espectáculo. ¿De qué calles hablamos? Todas las calles tienen su atractivo. Hablamos de las calles de las grandes ciudades modernas, populosas, ruidosas. Hablamos de las calles de las viejas, históricas, artísticas ciudades. Hablamos de las callejuelas de los pueblos chiquitos, perdidos en las anfractuosidades de las montañas, soleados y venteados en los llanos y en las estepas. Madrid tiene calles de diverso orden; pero —lo primero de todo— no busquemos ya en nuestra capital muchos de esos títulos pintorescos y expresivos de las antiguas calles. Pocos quedan ya; muchos han desaparecido para dejar lugar al nombre de un político anodino o de un pu-

blicista que no nos sugiere nada. En provincias
todavía quedan muchos de estos títulos. (¿Es
cierto que quedan? ¿No los han hecho desaparecer también los nombres de multitud de alcaldes, de presidentes de Diputaciones? ¿Y qué
habéis hecho vosotros, alcaldes y presidentes,
vosotros los que ahora figuráis en las placas de
las esquinas?) Bellos son los títulos de Pelleje-
rías, Correcherías, Escolares, Torno Viejo,
Hombre de Palo, y Pan y Carbón, Alfares...
Los vetustos oficios de España son rememora-
dos en muchos de esos rótulos. En Madrid quedan algunos. Lo que no quedan son las mues-
tras de las tiendas. Antaño, las tiendas tenían
en la puerta un símbolo que las hacía distinguir a los ojos de las gentes. Aquí había un
borreguito; más allá, una media luna; luego, un
fantoche representando un pastor; después, una
Virgen con su corona. Y estas eran las tiendas
del Borrego, de la Media Luna, del Pastor y de
la Virgen. No hacía falta saber leer para cono-
cer y encontrar estas tiendas. Labriegos y arte-

sanos, venidos de los pueblos, podían encontrar fácilmente lo que buscaban, y el recuerdo de las tiendas, de esta manera señaladas, quedaba perennemente en la memoria.

Calles de Madrid: calles anchas, centrales; calles estrechas, solitarias, apartadas. La vida ruidosa y estruendosa circula por las primeras; por las segundas, de tarde en tarde, de raro en raro pasa un transeunte. Gustamos de deambular a una hora determinada por las vastas vías henchidas de multitud. Están en ellas las tiendas radiantes, con sus escaparates. Una librería os muestra sus volúmenes recién salidos de la imprenta (y los que no son recientes), con sus cubiertas azules, rojas, amarillas. Periódicos y revistas extranjeros nos invitan a hacer —espiritualmente— una rápida axcursión por el mundo (que puede terminar en cuanto nosotros lo deseemos). En países más lejanos, las gentes más remotas pasan ante nuestros ojos en las páginas de estos periódicos y estas revistas. Es la hora del crepúsculo; comienzan a encenderse

los grandes focos voltaicos, los centenares de
bombillas eléctricas. Por el centro de la calle
van y vienen carruajes de todas clases; los automóviles —fuertes y delicados— desfilan con
el ruido estridente de sus máquinas. Hombres
que no hacen nada divagan por las aceras o
pasean recostados en los carruajes. Hombres
que han trabajado todo el día (y que trabajarán
mañana, pasado y todos los días), marchan
ligeros y afanosos hacia sus hogares. Hay en el
ambiente de estas grandes ciudades, a esta
hora, una sensación de voluptuosidad y de fatiga, de serenidad y de enervamiento; el obre-
ro que pasa con su blusa azul es un símbolo, y
la mujer elegante y frágil que discurre entre la
multitud es otro. Toda la civilización moderna
se halla a esta hora del crepúsculo vespertino
en esta atmósfera que respiramos en la calle
populosa y ruidosa de la gran ciudad. ¿Cómo
podrán percibir estos matices los hombres de
dentro de trescientos años? Ni ¿cómo ahora podríamos expresar estos matices de modernidad

con un lenguaje castizo, enfático, calcado en los prosistas del siglo XVII?

Saturémonos durante un momento de ruido, de luz, de idas y venidas, de afanes y de fatigas de la muchedumbre en las grandes calles, y huyamos luego hacia la apartada callecita en que hay una casa silenciosa y limpia. ¿Podríamos trabajar nosotros en medio del estruendo de una gran calle? ¿Cómo armonizar este estrépito con el recogimiento y el silencio de la reflexión? (Sin embargo, el trabajo intelectual se presta a todo; a Gautier no le molestaba el estrépito ni las idas y venidas de los suyos en su despacho; a Carlyle le ponía furioso el más ligero rumor.) Huyamos hacia la silenciosa callejuela; ahora, lejos de la muchedumbre, estamos ya nosotros con nosotros mismos. Ahora ya nos pertenecemos. De tarde en tarde, un vendedor ambulante lanza un grito en la calleja. Todo es silencio. Tal vez en esta casa hay un ancho zaguán con un farolón del siglo XVIII. En la calle —lo habéis visto en algunas de Madrid—

14

se extiende un largo muro, por encima del cual asoman las copas de unas acacias y se ven colgar unas hiedras... ¿Qué libro estábamos leyendo esta mañana? ¿Cuántas cartas ha traído para nosotros el correo?

*La Puerta del Sol.*

Los hombres de más peso —mental—, de más gravedad, de más enjundia, los que verdaderamente representamos la substancia de la nación, nos reunimos todos en la Puerta del Sol.

—Este cronista comienza tomando a broma las cosas más serias...

—Perdón, lector; he comenzado a escribir muy en serio. Y en serio, con la mayor gravedad, prosigo.

La Puerta del Sol es el centro de España. Hablamos del centro moral; el geográfico —cosa sabida es— está en el Cerrillo de San Blas. En la Puerta del Sol existen varias latitudes; la acera de Gobernación no es lo mismo que la del desaparecido hotel de la Paz, ni la de la

Mallorquina tiene nada que ver con la que al otro extremo de la plaza se extiende, frente a una de las entradas del café de la Montaña. Se suele proceder muy a la ligera cuando se habla de la Puerta del Sol sin precisar; debemos acostumbrarnos a poner un poco de precisión científica en nuestras charlas cotidianas. Cuando un provinciano diga en su tertulia del casino de Badajoz, de Alicante, de Cádiz o de Santiago que una vez le ocurrió tal cosa *en la Puerta del Sol*, si entre los oyentes no hay nadie que conozca Madrid de un modo racional, moderno, podrá pasar adelante en su relato; pero si en el número de los contertulios figura alguno de estos selectos seres, al punto, no podrá menos de interrumpir: «Un momento; dice usted que en la Puerta del Sol. ¿En qué parte de la Puerta del Sol?» Porque este hombre sabrá distinguir los diversos parajes o secciones en que, con arreglo a la más estricta psicología social, se divide la Puerta del Sol.

Los hombres más graves, más serios, de más

enjundia de la España actual, nos reunimos en la Puerta del Sol, en el trozo comprendido entre la librería de Fe y la calle del Arenal. El espacio es ancho; dentro de él cabe hacer algunas subdivisiones; mas lo esencial es que aquí, en este ámbito, está congregado durante algunas horas del día lo más típico y genuino de la raza hispana. (En el número de estos seres escogidos se cuenta —¡perdonad la inmodestia!— el autor de estas líneas.) En invierno, cuando el Guadarrama envía su cierzo tajante, cuando hay que ir a paso acelerado por todas las calles, cuando no existe un rincón de Madrid que no sea una nevera, este trozo de acera de la Puerta del Sol es una verdadera delicia. La lumbre solar bate en este paraje de una manera vívida y cálida, refleja en las blancas paredes y en las lunas de los escaparates y nos envuelve a todos en una oleada confortadora. De los concurrentes a este trozo de acera, unos estamos beatíficamente parados; otros deambulamos lentamente. Para nosotros pasan las bellas

mujeres madrileñas, para que las admiremos y
las piropeemos. Para nosotros luce allá arriba el
intenso y limpio azul del cielo de Madrid. Para
nosotros cruzan la plaza los cortejos diplomáti-
cos con las carrozas de Palacio y los desfiles militares. Para nosotros discurren entre los grupos los provincianos que por primera vez visi-
·tan la corte, para que estudiemos en ellos un
poco de psicología geográfica y podamos apre-
ciar la fuerza de resistencia de los seres humanos a los medios nuevos (así como también el
grado de afectividad que algunos de los que estamos aquí sentimos súbitamente por algunos
de estos forasteros; afectividad —lo diremos
francamente— un poco peligrosa para ellos.)
Para nosotros, en fin, van sonando las campanadas del reloj de Gobernación...

Mas las campanadas de los relojes no nos
preocupan; el tiempo no existe para nosotros.
Hemos venido con nuestras capas raídas y
nuestros gabanes grasientos. Evocamos las
figuras de Ruiz Zorrilla, de Cabrera o de Ro-

mero Robledo. Durante nuestra charla, muchas veces comenzamos diciendo: *En este país*... Tenemos un plan con el cual durante seis u ocho años —a lo sumo— arreglaríamos a España. Pasan las horas. *Din-dan, din-dan*, hace el reloj de Gobernación. La ancha plaza va despejándose; ya han pasado los dependientes de comercio y las modistillas con dirección a sus hogares. ¿Qué hacemos nosotros? Nos embozamos en nuestra capita raída y nos marchamos despacio. Con nosotros viene, adonde nosotros vayamos, lo genuino, lo castizo, lo tradicional de una España que desaparece... lenta, lenta, lentamente.

# ÍNDICE

Páginas.

## PARÍS, BOMBARDEADO

Páginas.

## MADRID, SENTIMENTAL

# OBRAS DE PIO BAROJA

Vidas sombrías.
Idilios vascos.
El tablado de Arlequín.
Nuevo tablado de Arlequín.
Juventud, egolatría.
Idilios y fantasías.
Las horas solitarias.
Momentum Catastróphicum.
La Caverna del Humorismo.
Divagaciones sobre la Cultura.

## LAS TRILOGÍAS

### TIERRA VASCA

La casa de Aizgorri.
El Mayorazgo de Labraz.
Zalacaín el Aventurero.

### LA VIDA FANTÁSTICA

Camino de perfección.
Aventuras, inventos y mixtificaciones de Silvestre Paradox.
Paradox, rey.

### LA RAZA

La dama errante.
La ciudad de la niebla.
El árbol de ia ciencia.

### LA LUCHA POR LA VIDA

La busca.
Mala hierba.
Aurora roja.

### EL PASADO

La feria de los discretos.
Los últimos románticos.
Las tragedias grotescas.

### LAS CIUDADES

César o nada.
El mundo es ansí.
La sensualidad pervertida.

### EL MAR

Las inquietudes de Shanti Andía.

### MEMORIAS DE UN HOMBRE DE ACCIÓN

El aprendiz de conspirador.
El escuadrón del Brigante.
Los caminos del mundo.
Con la pluma y con el sable.
Los recursos de la astucia.
La ruta del aventurero.
Los contrastes de la vida.
La veleta de Gastizar.
Los caudillos de 1830.
La Isabelina.

Ri

CPSIA information can be obtained at www.ICGtesting.com
Printed in the USA
BVOW011234240213

314064BV00005B/71/P